大众健美操教学研究

王翠娟◎著

吉林出版集团股份有限公司

全国百佳图书出版单位

图书在版编目（CIP）数据

大众健美操教学研究 / 王翠娟著 . —— 长春 : 吉林出版集团股份有限公司 , 2022.8
ISBN 978-7-5731-2094-6

Ⅰ . ①大… Ⅱ . ①王… Ⅲ . ①健美操－教学研究
Ⅳ . ① G831.32

中国版本图书馆 CIP 数据核字 (2022) 第 160606 号

大众健美操教学研究
DAZHONG JIANMEICAO JIAOXUE YANJIU

著　　者	王翠娟
责任编辑	赵　萍
封面设计	李　伟
开　　本	710mm×1000mm　　　1/16
字　　数	260 千
印　　张	14.5
版　　次	2023 年 1 月第 1 版
印　　次	2023 年 1 月第 1 次印刷
印　　刷	天津和萱印刷有限公司

出　　版	吉林出版集团股份有限公司
发　　行	吉林出版集团股份有限公司
地　　址	吉林省长春市福祉大路 5788 号
邮　　编	130000
电　　话	0431-81629968
邮　　箱	11915286@qq.com
书　　号	ISBN 978-7-5731-2094-6
定　　价	87.00 元

作者简介

王翠娟　女，毕业于山东师范大学，硕士，现工作于山东财经大学体育学院，副教授，主要从事健美操教学与训练工作，出版专著 2 部，参与省部级课题 2 项。2006 年获得国家瑜伽协会颁发的高级瑜伽导师证书，2007 年获得国家体育总局颁发的一级裁判员证书。

随着知识经济的到来和生活水平的提高，现代人们的生产和生活方式发生了巨大变化，其特点是体力活动减少、脑力劳动增加，工作和生活的压力增大。这种情况引发了各种"文明病""都市病"的流行与蔓延，人们意识到健康的重要性，对健身的需求日趋强烈，从而加快了社会体育的发展，大众健美操这个项目成为满足人们肢体运动、心理调节的主要手段。

大众健美操是随着社会的发展而产生的一个新兴的体育运动项目，自它诞生之日起就深受人们的喜爱，不仅成为提高健康水平、扩展生活空间、提高生活质量的运动项目，而且作为一种特殊的文化形态不断以渗透、融合、感染、凝聚、净化等方式影响着人们的社会生活。

大众健美操从"健康第一"出发，摒弃那些对人体有伤害的动作和练习方法，并在此基础上给练习者提供喜闻乐见、简单易学、实效性强、终身受益的健身方法。长期以来，群众自发性运动项目缺乏理论指导，本书旨在推广大众健美操运动，对它的界定、教学、术语、动作、编排等方面都做了深入浅出的论述和解说。

本书第一章为大众健美操概述，主要介绍了三个方面的内容，依次是大众健美操的起源和发展、大众健美操的概念及分类、大众健美操的特点及功能价值；第二章为大众健美操教学理论研究，主要介绍了四个方面的内容，依次是大众健美操教学的规律与原则、大众健美操教学的方法与手段、大众健美操教学的组织方法、大众健美操教学动作的基本要求；本书第三章为大众健美操教学的术语与动作，主要介绍了三个方面的内容，依次是大众健美操教学术语、大众健美操教学基本动作、大众健美操教学基本技术；第四章为大众健美操教学的成套动作，主要介绍了三个方面的内容，依次是少儿组成套动作、青年组成套动作、中老年组成套动作；第五章为大众健美操教学拓展项目，主要介绍了四个方面的内容，依次是啦啦操、搏击操、广场舞（健身操）、瑜伽健身术；第六章为大众健美操编排，主要介绍了四个方面的内容，依次是大众健美操编排原则、大众健美操编排方法和步骤、大众健美操编排和音乐选配、大众健美操编排现状及发展趋势。

在撰写本书的过程中，作者得到了许多专家学者的帮助与指导，参考了大量的学术文献，在此表示真挚的感谢。本书内容丰富新颖、系统全面，论述深入浅出、条理清晰，但由于作者水平有限，书中难免会有疏漏之处，希望广大同行及时指正。

作者

2022 年 4 月

目 录

第一章　大众健美操概述

在现代社会中崛起的大众健美操运动融体操、舞蹈、音乐于一体，表现人体之美，可以健身、健心。作为一种社会活动，大众健美操运动已成为广大群众强身健体的主要方法之一。本章分别从大众健美操的起源和发展、大众健美操的概念及分类、大众健美操的特点及功能价值三个方面进行阐述。

第一节　大众健美操的起源和发展

一、大众健美操的起源

人类的发展经历了许多历史阶段，从原始社会到今天，发展历史可谓相当悠久，而体操也拥有比较长的历史。最早的体操起源于奴隶社会，统治阶级将生活实践中的一些动作作为训练士兵的手段，慢慢地形成了固定的格式。通过这种训练方式逐步增强了士兵的身体素质和力量，古老的军事体操由此诞生。时代的发展和社会的进步使得人类的生命意识不断增强，因为体操是强身健体的普遍手段，健身体操也就随之出现。

欧洲逐渐出现了近代体操，由于不同的国家和民族有着不同的社会文化背景，使得近代体操出现了很多的流派。举例来说，德国出现了适应军事的体操，瑞典出现了面向儿童和成人的体操，主要包含教育体操、军事体操、医疗体操和美学体操，随后法国也出现了军事体操。19 世纪中期，丹麦体操发展迅速。丹麦体操比较接近现代体操，具有科学、全面、优美的特点，更加注重人的全面发展。近代后期，欧洲的体操运动风起云涌，大部分资本主义国家建立了体操俱乐部和体操协会，国际方面也成立了体操联合会。随后在捷克，鹰派体操出现了，这一体操类型具有重要的历史意义，标志着现代体操粗具雏形。随后，不同的体操流派通过国际比赛以及国家间的交流相互切磋和竞争，竞技水平不断提高，发展为当今的体操。

在此过程中，大众健身体操也由此出现。欧洲的保健体操、妇女体操、儿童体操、家庭体操、老年人体操等相继出现，呈现出百花齐放的状态。普及健身是这些体操的最终目标，因此这些体操的动作都不复杂，简单易学、便于传播，同时对场地、器材的依赖程度比较小，具有较强的随意性，与现代的基本体操很像。

19 世纪初期的欧洲，体操家和舞蹈学家教授体操注重使受教育者感到心情舒畅，在上课时搭配合适的音乐便于身体的自由活动和伸展自如。音乐对于练习者来说也有着积极的影响，方便练习者跟随音乐调整身体动作，表达内心的真实情感。音乐的加入使得教育、体育、艺术相互交融和影响，进而推动了韵律体操的诞生。韵律体操是通过体操与音乐的融合产生的。此时，欧洲的健美体操也发展起来了，健美体操的主要目标是表达人们的思想感情，由此初步确立了大众健美操的概念和内涵。

大众健美操伴随着历史的发展而发展，具有自身独特的特点，具体表现为很强的自发性和自娱性，是人民群众的智慧结晶。一项运动项目在它刚刚诞生之时，往往带有浓厚的地方色彩和民族特性，就比如西方盛行的爵士舞，它不仅是一项地方色彩浓厚的舞蹈艺术，还是一项民族特色浓厚的健身运动。爵士舞的舞动方法表现为在切分节奏的乐曲激励下进行身体分解动作和爆发性动作，塑造人的形体和锻炼人的肌肉。爵士舞的健身运动效果比骑车、跑步更好，人们非常喜欢爵士舞，使得爵士舞成为西方国家人民健身美体的主要活动之一。再比如中国的秧歌舞，这种民族舞蹈主要是为了庆祝丰收，表达人们欢快、喜悦的心情。秧歌舞的特点是"扭"，基本步伐就是"十字交叉"，其形体特征是髋部扭动，左右摇摆地舞动，既轻柔又富有弹性。秧歌舞逐渐融入健身舞场，很多中老年人非常喜欢跳秧歌舞，使得秧歌舞成为健身娱心的重要运动之一。随后，人们改良了秧歌舞的节奏和步伐，为了更好地进行强化锻炼，加快了秧歌舞的节奏，加大了步伐幅度，将走"十字"改良为跳"十字"，这样一来，能够有效增加下肢力量和腰髋部位活动。之后，我国健身操运动也逐渐采用了这种方法。当今在世界各国流行的"迪斯科健美操"，便融合了民间现代舞和现代健美操。"迪斯科"（Disco 或 Go Go）是大家都来跳的意思，具有场面壮观、节奏激烈、动作奔放、自由度强、随意性强的特点。迪斯科主要动作部位是髋部，通过运动双膝带动全身的运动。这种运动的强度比较大，能够很好地锻炼身体和表达激情。近年来，世界各国普遍将迪斯科编排进大众健美操中，"迪斯科健美操"也因此而得名。

大众健美操运动具有明显的地方性，这也使得世界各国人民非常喜爱大众健美操运动。大众健美操运动的深入发展和不断推广引起了政府的重视，各国政府大力倡导开展大众健美操运动，并且非常肯定和支持大众健美操运动，使得这项运动能够在全世界范围内推广。目前，很多国家成立了大众健美操协会，很多城市也建立了大众健美操活动中心，城市的各个角落都设立了活动点。各国通过宣传媒介积极宣传大众健美操运动的理论知识、练习方法，使大众健美操运动深入千家万户，成为全民体育运动的项目之一。无论是在操场、公园，还是在路边，都能够看到人们翩翩起舞、纵情欢跳。

社会经济的高速发展推动着人们生活水平的不断提升，人们更加重视生活的质量，也更清楚地认识到生活质量的意义，大众健美操也就成为人们生活中不可缺少的一部分。通过分析大众健美操运动的发展历程，我们可以看到21世纪的大众健美操运动拥有更加顺畅的发展道路，必然更加科学、更加系统、更加普及，为人类的健康、文明、发展、进步带来积极的影响。

二、大众健美操的发展

为改变国民的亚健康状态，我国实施了全民健身计划。对于国家而言，国民的身体素质与国家未来的发展息息相关，国民身体素质又能够影响国民精神面貌，所以全民健身计划的落实不容忽视。在全民健身计划背景中，居民个人选择一项自身喜爱并且具有锻炼价值的体育项目是落实计划的重点。从近年来看，大众健美操逐渐成为落实该计划的核心体育项目。随着经济社会的快速发展，无论在学校还是在健身场馆，大众健美操因其消费的"物美价廉"、不受年龄限制、舒缓身心、塑造体育意识等优势而得到了普及，因此大众健美操逐渐成为落实全民健身计划的核心体育项目。

（一）大众健美操的发展特征

1.参与者性别和区域分布特征明显

现阶段参与大众健美操锻炼的学生群体中，很多都来自城市，乡村参与者比较少，究其原因主要有两方面：一方面农民参与有秩序和有明确锻炼指向的体育锻炼的时间比较少；另一方面农民去健身馆参与体育锻炼的意识薄弱，因此很多人没有接触过大众健美操。城市参与者出现男女不平衡的问题，参与大众健美操的女生明显多于男生，男性参与者很少，男性参与者多是高校中选择了健美操课程的男性学生。总的来说，男性普遍认为大众健美操是女性专属的体育运动项目，不愿意主动参与。

2. 健美操发展与时代具有对应特征

20 世纪七八十年代，大众健美操运动传入我国。刚开始时，人们并不认可大众健美操，经过了十多年的发展，国人逐渐接受并认可了大众健美操运动。1984 年前后，我国高校开始引进大众健美操运动，并为其成立了独立的研究团队，团队主要负责研究大众健美操运动的正面作用以及健美操运动对国民健身的推动作用。在此时期，我国教育事业发展迅速，各高校教育思路的重心是积极吸收外来文化，这就使得大众健美操进入高校的道路比较通畅。1992 年是中国大众健美操运动发展的重要节点。在这一年，国内成立了健美操协会，由此确定了健美操在中国体育界的重要位置。也是在这一年，经过深入研究和研讨，国家体育院制定了健美操比赛的竞赛规则，将健美操划分到了体育竞技的范畴内。1995 年，国家发布了《全民健身计划纲要》，将健美操运动列入了全民健身的体育项目中。

（二）大众健美操的发展现状

1. 以各类学校为研究对象

现阶段，初高中和大专院校的学生是全民健身计划的主要对象。青少年是国家未来发展的重要力量，国家的未来发展与青少年的健身习惯、健身意识紧密相连。事实上，很多院校已经将全民健身计划纳入校内教学计划中，而大众健美操运动项目的开展也已经超过预期。健美操课程不仅适用于高校，同样也适用于小学、初高中。通过专业的健美操教练的指导，学生们既能锻炼身体、增强身体素质，还能通过专业的教育掌握健美操知识，丰富自身的知识体系。在实际教学时，健美操课程主要由理论课程和实践课程两部分构成。就目前来看，大众健美操已然普及在国内各级各类学校中。

2.以健身馆、健身俱乐部为研究对象

对于一般民众来说（这里的一般民众并不包括学生），他们参加体育锻炼的方式可以是自行锻炼，也可以是加入社会上的健身场馆参与锻炼。健身场馆拥有比较专业的教练员，运动锻炼的氛围也比较好，便于人们进行长期的体育锻炼。近几年，连锁健身馆在国内各个城市逐步落实，迎合了全民健身的需求，通过各种宣传营销方式鼓励和带动更多妇女、老年人参与到体育锻炼中。不同于其他体育运动项目，大众健美操在力量和技巧方面没有严格的要求。只要在大众健美操运动中使用舒缓的音乐，运动的节奏就会相对缓慢，妇女儿童以及老年人便也都能够在保留体力的状态下完成锻炼。因此，越来越多的群众参与到大众健美操运动中来。在我国的一些中小城市，专业的健身场馆也逐步进行健美操培训，进一步推广、普及健美操运动，使其成为全民健身计划的重要项目。

（三）大众健美操未来的发展趋势

1.学校领域

校园是全民健身计划落实的重点区域，健美操是各院校未来发展的重要体育运动项目之一。但是，目前阶段高校开展健美操运动还存在着一些问题，比如不注重理论教学，使得学生掌握的健美操理论知识较少；健美操实践训练缺乏专业度，使得学生的专业性存在偏差等。这就要求高校提升校内健美操教师以及研究人员的综合水平，在学校有效落实全民健身计划。为了进一步提升校内健美操运动水平，很多高校选择和其他高校进行合作，具体来讲就是多个高校共同使用一个专业的健美操教育团队，同时将学习能力较强的人直接编入高校整合队伍中进行统一的培训，加强培训的力度，积极参与高校范围的健美操比赛。如此一来，在高校的推动下，校园健美操运动必然获得长足的发展，朝着更加专业化、系统化的方向前进。

2.社会领域

社会经济的高速发展使得人们的生活水平进一步提高，促进了群众体育锻炼意识的觉醒。在未来的一个阶段内，人们会越来越注重参与专业的体育锻炼。目前，更多的人选择在室内进行体育锻炼，各个体育场馆也趁机推出相应的优惠活动。女性群体以及中老年群体越来越注重参与体育锻炼，掀起了一股"锻炼风潮"。对于国内体育场馆来说，不仅要辅助落实全民健身计划，还要考虑场馆的经济效益。对于体育事业而言，只有其提供的训练服务处在行业领先地位，才可能稳定其自身的竞争力量。体育场馆为了吸引更多的民众加入大众健美操运动中来，进一步提升了健美操教练员的专业度，积极开展健美操锻炼的宣传推广，接收更多参与者，切实促进全民健身计划的开展和落实。

3. 性别层面

近几年，我国体育事业发展迅速，出现了多种多样的复合型体育项目，其中就包括大众健美操运动。众所周知，参与大众健美操的运动女性比较多，为了吸引更多的男性参与其中，健美操研究团队采用了刚柔并进的方式改良了健美操形式。举例来说，以轻器械融合形式为主的哑铃健美操、踏板健美操以及与有氧运动完美结合的拉丁健美操、搏击健美操。改良后的复合型的健美操形式对于男性来说更具吸引力，能够使更多男性加入健美操锻炼中。由此可以看出，大众健美操在未来的发展会趋于平衡，女性群体和男性群体都会积极参与到大众健美操锻炼中来。

大众健美操在学校的发展也将更加的专业化，社会人士加入健美操锻炼的人数也会随之增加。在未来阶段，将会有越来越多的民众参与到大众健美操健身事业中，这不仅能提升自身的身体素质，还能推动全民健身事业的发展。

（四）大众健美操可持续发展的原因

1. 消费"物美价廉"

通常情况下，普通家庭中并不具备能够锻炼肌肉或快速提升体质的机械设备。民众如果想要进行高强度的体育锻炼，就需要去场馆中进行消费。虽然目前很多健身馆为了响应全民健身计划而降低了消费水平，但是对一般民众来说，即使办了卡，他们也很难每天坚持参与体育锻炼。在无法锻炼的时间内，办卡所花费的资金量便直接处于消耗中，长期下去就会形成严重的资源浪费现象。大众健美操运动则不需要花费大量的资金，特别是对于一些已经具有健美操专业经验的人来说，他们进行健美操锻炼需要的仅仅是相对干净和开阔的场地。所以，健美操不仅具有锻炼价值，而且资源输出需求较少，这是健美操运动比较大的优势，会使更多的群众参与到大众健美操的锻炼中。大众健美操也因为受众数量的持续增加而稳固了发展地位。

2. 参与者不受年龄限制

在体育训练过程中，参与意识能够决定人们的锻炼成果，身体状态在运动锻炼过程中也起着重要的作用。年长者如果没有坚持长期的体育锻炼，他们的身体状况实际上已经不适合参加高强度的体育项目。对于年轻人来说，如果他们在没有经过专业训练的前提下就进行高强度的体育锻炼，那么他们的身体机能也会受到一定程度的损伤。因此，大多数的体育锻炼项目会限制参与者的年龄，这也是为了保护人们的身体。大众健美操运动量适中，运动强度合理，消耗的体能也处于中等水平，比较适合参与者进行锻炼，对性别、年龄没有限制，男女老少都可以参与大众健美操运动，不仅能舒缓身心，还能增强体质。大众健美操并无年龄的限制，这使得大众健美操运动越来越普及。

3. 舒缓身心

很多情况下，音乐能够影响人们的思想和肢体，而大众健美操的典型特征就是在音乐中进行锻炼。大众健美操对于一些音乐比较敏感的人来说是很友好的运动，人们跟随音乐的节拍进行健美操运动，相当于在音乐中舒缓身心。不仅如此，一些节奏轻快、极具韵律的音乐本身就可以愉悦人们的心情，当人们随着音乐进行拍手、抖腿运动时，他们的心情也会在一次次击掌和互动的进程中得到快速改善。生活在大城市的人们，生活节奏比较快，参与大众健美操锻炼可以舒缓身心。所以，大城市中的人们非常喜欢参与大众健美操锻炼。

4. 重塑人们的体育意识

塑造体育意识需要一定的条件和水平，往往需要人们掌握至少一种体育项目。但是对于大多数人来说，他们很少接受专业的体育锻炼教育，不能在短时间内学成一种体育锻炼项目。例如，羽毛球可以说是上手比较快且难度比较低的运动项目，但如果长时间进行羽毛球锻炼，则会对人的肩部以及颈椎造成一定的负面影响，特别是对有些老年人来说，他们难以承受羽毛球等竞技类运动的强度。大众健美操难度比较低，能够在短时间内培养人们的体育意识。大众健美操作为一项男女老少皆可参与的运动项目，被纳入全民健身计划之中。除此之外，大众健美操还能调节身体机能，通过练习健美操适当加大体操难度和运动时长，能够起到减肥的作用。大众健美操具有以上众多的优势，才逐渐地发展为国民项目。

第二节　大众健美操的概念及分类

一、大众健美操的概念

大众健美操也被称为健身健美操，是健美操运动的重要组成部分。在设计大众健美操运动时需要充分考虑不同年龄段、不同性别、人体身心不同等特点，以及人们多样化的运动需求。大众健美操属于有氧运动范畴，在运动过程中需要保持中低程度、特定时间内持续性的全身运动，锻炼参与者的心肺功能，进一步增强练习者的有氧耐力素质。大众健美操起源于传统的有氧运动，是有氧健身运动的一部分。在练习大众健美操时需要借助音乐旋律和必要的轻器械，在人体氧气供应充足的前提下持续为人体有氧系统提供充足的能力，顺利完成各项动作后能起到很好的锻炼作用。此外，大众健美操贴近人们的生活，将健康与美、音乐融为一体，能够促进现代健美操的发展。

大众健美操是在氧气供应充足的情况下，伴随着具有节奏感、韵律感的音乐，以身体练习为基本手段，以有氧运动为基础，将体育美学与人体语言艺术相融合以达到增进健康、塑造形体和娱乐目的的体育项目。一般情况下，健美操采用徒手或借助器械进行，动作比较激情奔放，音乐节奏比较舒畅、明快，通过动作组合巧妙连接、动作与新技艺穿插、队形路线视觉变化以及动作与音乐的完美契合达到健身、健美和健心的锻炼目的，一定程度上提高锻炼者的心肺功能和肌肉力量。

可以说，大众健美操属于健美操中的健身健美操，适应性比较广泛，不受练习场地的限制，每个年龄阶段的人群都可以练习，动作多以重复和对称的形式呈现。大众健美操的练习方式保证了锻炼者参与运动的安全性，也能起到锻炼身体、愉悦身心的作用。大众健美操的音乐节奏鲜明、旋律轻松愉快，不过分依赖于场地、器材，主要目的是强身健体、塑造形体、愉悦身心。所以说，大众健美操是一项综合性、群众性、普及性的健身运动，涉及健身、娱乐和防病等多方面内容。大众健美操属于健身性健美操的范畴，有氧练习是其主要的练习方式，运动难度和运动强度都比较低，各个年龄阶段的人群都可以参与练习。锻炼者在舒缓的音乐伴奏下伸展身体各关节，锻炼各部位肌肉，实现强身健体、减肥塑形的目标。

综合来说，大众健美操是指在明快的音乐伴奏下，以融合美学艺术特征的徒手操动作，通过练习达到健体、健身和健心的锻炼目的，属于有氧运动。"健、力、美"是大众健美操典型的动作风格，能够展现出锻炼者健康的风采。

二、大众健美操的分类

按照练习方式，大众健美操可以分为三类：徒手健美操、轻器械健美操和特殊场地健美操。

（一）徒手健美操

一般来说，徒手健美操包括两大类，一类是传统意义上的一般健美操，另一类是为满足不同人群兴趣、需求而创编的不同风格的健美操。徒手健美操主要锻炼人们的心肺功能，增强人体的有氧代谢能力。在大众健美操中，最容易推广。最主要的健美操练习方式就是徒手健美操，练习方式不拘泥于形式，可以在行走、跑、坐、卧中练习。徒手健美操种类繁多，其中包括搏击操、拉丁健美操、街舞、瑜伽健身术等等。

（二）轻器械健美操

轻器械健美操主要是指利用轻器械、以力量训练为主的有氧健身操。轻器械健美操结合了轻器械体操和徒手健美操，形成了一种新的健身健美操。相比于徒手的健美操来说，轻器械健美操动作更加优美，具有丰富的表现力和更强的感染力。同时，轻器械健美操比徒手健美操的内涵更加丰富，使用不同的器械，编排的动作不同，表现出来的东西也有明显的差异，所以展现的风格也有很大的变化。

现阶段，国内外多注重研究踏板操、哑铃操、棍操、球操等轻器械团体操领域，一些表演性质的大型团体操都持轻器械进行。器械是人体的延伸，在大众健美操练习中发挥着重要的作用，能够增大动作幅度，使动作更加舒展、大方。此外，器械还能遮挡动作，更能体现动作的整齐。轻器械健美操也是一种大众化的锻炼形式，适合大部分的练习者，在练习时间、场地、人数等方面，没有太高的要求。通过练习各种动作既能锻炼全身，还能局部强化，增强身体的素质。

轻器械健美操的动作不是固定的，而是通过变化器械与动作、音乐与动作和方位与动作实现创新发展。将三种关系较为完美地结合起来，能够使轻器械健美操具有优美且独特的优势。轻器械健美操的出现和发展，使得健美操运动项目在发展过程中越来越有吸引力。

（三）特殊场地健美操

特殊场地健美操主要是指具有特殊功效的健美操。因为其对场地和器械具有很高的要求，限制了这一类型健美操的开展，只有少部分健身俱乐部开设了水中健美操及固定器械健美操中的功率自行车等项目。

水中健美操、固定器械健美操都属于特殊场地健美操的范畴。国外非常流行水中健美操，水中健美操可以减轻运动中地面对膝踝关节的冲击力，减轻关节的负荷，充分发挥水的阻力以及水传导热能快的性能，提升健美操锻炼质量，增强身体素质，实现减肥塑形的目标。所以说，水中健美操是一种独特的健美操练习形式。固定器械健美操包括垫上健美操、踏板健美操、健骑机健美操等，可根据自己的需要进行练习，达到锻炼身体的目的。

水中健美操很多动作是重复的，并且呈现对称的运动形式，这能保证水中健美操具备一定的运动负荷，从而更全面地锻炼身体。健身性健美操对练习时间没有严格的要求，练习者可以根据自己身体的情况合理安排运动时间，而且也没有严格的练习要求，视具体情况而变。健康、安全是水中健美操的运动原则，坚持这一原则，能很大程度上避免运动损伤，提升身体素质。

第三节　大众健美操的特点及功能价值

大众健美操是一项以有氧运动为基础，以健、力、美为特征，以身体练习为基本手段，以增进身体健康、塑造人体健美为目的的运动。随着人们健康意识的增强，大众健美操得到了广大群众的追捧和喜爱。

一、大众健美操的特点

（一）鲜明的节奏和韵律感

在运动实践中，有节奏的运动能够发挥积极的作用，促使身体达到协调。一般来说，健美操的动作力度的强弱和速度的快慢变化决定着健美操的节奏。举例来说，一个动作可以两拍完成，也可一拍完成，还可一拍两动，这是速度的变化。在完成动作时由于肌肉用力的大小、强弱、快慢、刚柔等不同，就形成了不同风格的健美操动作。

在合适的音乐辅助下，不同的健美操的动作和风格能够体现不同的节奏感、韵律性和风格特征。音乐节奏会随时发生变化，比如音的高低、长短、强弱、快慢等，音乐引导下的健美操的节奏也会发生变化，这种变化会使律动感更强。按照音乐的节奏进行练习，练习者才能体会到健美操的节奏感和韵律感，才能获得美的享受。这对健美操的音乐提出了一定的要求，音乐要能使练习者在完成单个或成套动作时准确地把握每一个节拍，还要能激发练习者的激情，有效培养练习者的节奏感和韵律，提升健美操的练习质量。

（二）内容丰富、形式多样、具有全面性

大众健美操以健身、健美、娱乐为目的，适合广大青少年、中老年人进行练习。它可以徒手练习多种身体动作，也可以手持轻器械结合身体动作进行练习（如小哑铃、实心球、呼啦圈等），还可以利用室内环境条件和设施进行练习。它动作简单、活泼多变、造型美观、动作对称、有针对性。有培养姿态、塑造形体、节奏感强的青年组成套练习；有动作简单、节奏慢，利于健身、健心的中老年组成套练习。练习者可根据自身的体质选择有针对性的内容进行练习，如局部练习中胸部的练习、腿部的练习等。大众健美操是健与美的结合，是以艺术结构为基础，发展健美为特征的运动项目。它的练习内容具有综合性，大胆吸取武术、体操、迪斯科、舞蹈、气功等方面的简单动作，经过科学的编排，在优美的乐曲伴奏下做出优美的动作。它不局限于某一特点的艺术素材，只要有利于练习者身体、身心健康的动作都拟加改编运用。

（三）动作简单易学、具有针对性

通过大众健美操练习可使练习者的身心得到充分的锻炼，如少儿进行大众健美操练习，选择一些自然、轻松、趣味性强、易模仿的动作有利发展少儿身体素质与身体各系统和器官物质代谢，有利于增进健康、增强体质。青年进行大众健美操练习，选择一些速度快、协调性稍强、刚劲有力、健美大方、富有朝气、幅度大的动作有利于保持或改善身体形态，获得健美的形体、高雅的气质和仪表，掌握健身方法。老年人进行大众健美操练习，选择一些简单易学、幅度小、重复次数多或带有一些气功、太极拳等简单动作的练习操，有利于保持良好的身体机能，增添生活乐趣。另外，还可根据人体解剖结构选择特定的练习内容进行练习，如腹部健美操、腿部健美操等。

（四）动作的多变性和协调性

大众健美操将徒手体操中各种类型的基本动作保留了下来，还借鉴了很多的舞蹈和武术动作，并对这些动作进行加工提炼，使其成为符合健美操运动的特有动作。在大众健美操中加入了大量的腰、膝、踝、髋部动作为健美操注入了新的力量，使得健美操的单个动作丰富了起来。健美操具备单个动作多、瞬间造型多、动作的节奏变化多、成套动作多的特点。健美操成套动作丰富多样。一方面，每节操都是多个关节同步进行动作，很少是单关节进行局部活动。例如，在练习上肢动作时，腰、髋、膝、踝和头部等部位会同步参与其中，这种运动方式有效增加了身体各关节的活动次数，通过变换组合形式能够在很大程度上提升身体的协调性。另一方面，在动作的节奏和力度上具有协调性。例如，用最快的速度完成两臂侧举，并使其急速制动于平肩部位，这一动作可有效地提高身体的协调性。现代健美操具有明显的多变性和协调性的优势，使得现代健美操运动颇具美感和韵律感，彰显了现代健美操运动的健身价值。

（五）动作优美、具有艺术性

在音乐伴奏下练习大众健美操，体现了浓郁的现代气息。大众健美操动作优美、活泼，跟随音乐变化身体动作的力度、幅度、速度和姿态，使身体动作与轻器械完美结合，能够将身体美和物体运动的自然美展现出来。它将艺术手法应用在成套动作中，巧妙地编织各种各样的动作使其和谐地融合在一起，就像一幅立体图案那样，能够充分展现均衡、和谐、自然、优雅等人体运动的外在美以及蕴藏在机体之中的柔韧、灵敏、速度等素质美。通过摆动、绕环、转动轻器械的方式使其发生形态、幅度、强度的变化，塑造独特的、流动的韵律美，从而表达人与器械相互配合的和谐美。音乐的伴奏产生了积极的影响，通过声音触动人类内心情感的弦，激起人们内心情感的起伏，充分地表现人类的精神感受，尽可能地满足人们的审美心理需求。

大众健美操具有很多优势，比如大众健美操动作舒展、协调连贯、轻快活泼、舞姿优美，再比如大众健美操能帮助人们发现美、欣赏美、塑造美、追求美进而让人们用美来丰富自己的生活，培养人们的审美观，体现了大众健美操的艺术性特点。

二、大众健美操的功能价值

（一）大众健美操的文化价值

不同于自然现象，文化是人类社会活动的全部成果，文化包含丰富的内容，涉及人类所创造的一切物质的与非物质的东西。更严格地说，文化是伴随着人类的发展而发展的，经过人"耕耘"的一切都属于文化的范畴。大众健美操文化的产生与发展也是现代社会的一种颇具时代感的文化，更是现代社会一种深层次的社会需要。体育产生的原因是为了满足人们的需要，人类具有多种需要，包括生产、生理、心理、安全、娱乐、社交、信仰等，大众健美操的产生发展正是因为人们有各种各样的需要，尤其是高层次的需要，如社交的需要、自我实现的需要。大众健美操大众性和时代感比较明显，还具有多样性的综合功能和属性。由此可以看出，大众健美操的社会文化价值主要表现在创新意识、审美意识两个方面。

1. 创新意识

作为新兴体育锻炼形式的大众健美操能够体现人类的创新意识。体育是大众健美操发展的基础，在此基础上，进一步融合了音乐、舞蹈、体操、艺术、文化和教育的精髓，将其综合创新出了新的锻炼形式。编排健美操具有明确的要求，需要对现有的动作进行加工、移植、对比和再创造，在编排的过程中还要选择合适的音乐，编排出的单个动作和动作套路要具备新颖独特的特点，满足不同人群或个体练习需求。

许多学者对创新的概念有大量的论述，有的学者提出创新是企业家实行对生产要素的新的结合，也有的学者提出创新是指在原有基础上进行的局部改进。现阶段，我国大众健美操往往出现在健身场馆和学校，锻炼形式主要为指导员领做，锻炼者跟做。为了适应时代，更好地推动大众健美操的发展，大众健美操运动指导员可以创新教学手段和教学理念，将新动作（含新难度动作）、新技术、新编排、新教法、新器材、新测试手段融入大众健美操教学过程中，在实践中进一步完善教学理念。同时，指导员还应加强学习，拓宽自己的知识面。培养自己的观察力，训练自己的思维能力，树立创新意识，不断创新教学方法，使得人们在参与大众健美操锻炼时能够实现自我提升。

大众健美操需要人们充分发挥自身的想象力，通过想象尽情地用肢体语言表达自己、展现自我，探寻大众健美操这种自由的健身活动的魅力，发现其中的乐趣。现代的大多数工作对智力的要求强于对体力的要求，在个体和社会的未来发展中，智力因素所起的作用会越来越大，更依赖于人们的智力劳动。大脑和中枢神经系统的机能决定着人们的智力水平，强健的体质和良好的神经系统是智力发展的重要保障。作为有氧运动重要项目的大众健美操能够激活大脑的能源物质，给大脑提供充足的氧气，促进大脑神经细胞的健全发展。动作变化快是大众健美操的典型特点，而其动作受大脑的支配。大众健美操会涉及复杂的智力活动，不断刺激大脑和神经系统，有效增强大脑皮层活动的强度，提升大脑皮层活动的协调性和灵活性。通过练习大众健美操，还能培养练习者的感知能力、注意力和记忆力。

创造是一种表象活动，在创新思维的基础上充分发挥人的主观能动性，从而创造出新的东西。创造是在感知的基础上进行的自律性行为，进一步发展成为理性的和创造性的活动。创造推动了人类的发展，是人类的根本需要，这种需要推动着人类创造出了文化。大众健美操尊重科学，在此基础上追求创新，在动作编排、队形变化以及音乐的选择等各方面都追求创造性的发展。创造的主体是人类，这就要求人们在运动过程中将自身作为一种物质力量，使人真正成为支配客体的主体。与此同时，人们也应根据主体的需要改造和创新客体，充分发挥客体的价值。这个改造的过程就是创新的过程。

2. 审美意识

审美能力是可以培养的，通过美育教育反复体验美能在很大程度上增强感受美的能力。基于此，在大众健美操运动中，我们应该鼓励人们尝试美的内在体验，具备自觉的审美意识，提升美的感受能力，充分将内心体验的美与外形观察的美相融合，提高美的鉴赏能力和对美的评价能力。可以说，大众健美操运动项目本身就充满了美，非常有助于培养人们的审美观，从而提高人们鉴赏美的能力，这也是美感教育的一种。

从字面分析大众健美操，其中，"大众"即普遍性，"健"即健身功能，"美"

则是给人以美的享受。大众健美操是充分结合了力与美的运动项目，拥有美观大方的肢体动作。通过反复体验美的方式能够有效增强美的感受能力，也能进一步增强人们的审美能力。人体的外在美是大众健美操比较关注的。除此之外，在大众健美操的审美构成因素中，音乐美也是不可缺少的因素，将多样化的动作与美妙的音乐相结合也反映了大众健美操的审美意识。

那些持续一定时间、中等强度、韵律性的运动最易产生美感，因为"中等强度的刺激容易使人产生美感，中等的紧张能使生命处于活跃状态，而这种活跃便是快乐的源泉"[1]。快乐有助于促进人格的全面发展。大众健美操是一种有氧运动项目，训练强度不大，处于中等水平。因此，在参与大众健美操的实践过程中，能充分感受到这项体育运动的娱乐性。通过练习健美操，可以使人从机械、单调的劳动环境中解脱出来，在没有压力和限制的空间中感受到自由。人们可以自由地与他人进行交流，自由地支配自己的身体，自由地伸展肢体动作，消除日复一日积累下的疲劳感，摆脱枯燥、压抑的精神状态，释放自身内心的压力，挣脱日常机械主义的思想和行为，给生命增加色彩，促进个性发展。

欧洲的教育家和美学家在谈及培养人的和谐和个性时都不约而同地将体育、美育作为重要的手段，并与德智相结合，推动人们身心全面发展。大众健美操遵循美的规律，目标是塑造现代人健美的体格。大众健美操能够满足现代人运动休闲、愉悦身心的健康需求，使得现代人在平凡的运动中能够追求美。所以，大众健美操可以说是现代人提高审美意识的一种情感文化。

（二）大众健美操的健身价值

1. 增加供氧量

随着年龄增长，身体机能会越来越弱化，身体素质也慢慢减弱，供氧量不足就是比较明显的表现。供氧量不足给人们的学习生活带来了不利的影响。而大众健美操锻炼能够提高人体的肺活量，从而增加氧气供应量，这样就能保证人们在日常生活中拥有饱满的精神，同时增强自身抵抗力。

2. 增强肌肉生命力

和其他体育项目一样，大众健美操运动也能锻炼人体肌肉的形态、结构和功

---

[1] 滕守尧. 审美心理描述 [M]. 北京：中国社会科学出版社，1985.

能，使其发生相应的变化。不仅如此，大众健美操运动还有优于其他体育项目的方面，主要表现为大众健美操是有氧运动，主要进行有氧练习，长期进行大众健美操锻炼，练习者的肌肉在运动过程中能够反复收缩牵引，使得肌腱和韧带中的细胞不断分裂增殖，从而使肌膜增厚，肌肉变得更坚实、更有弹性。

在大众健美操练习过程中，肌肉持续工作会引起很多的生理变化，能够进一步完善肌肉内部组织和外部形态，使得肌纤维增粗，进而增加肌肉的收缩能力和张力，使得肌肉的工作效率大大提高，同时也能降低运动锻炼过程中受伤的风险。长期进行大众健美操锻炼能够优化肌肉的结构，缩短肌肉内环境和外环境的代谢时间，进一步延长肌肉持续收缩的时间，大大增强肌肉的生命力，使练习者的运动能力和运动水平得到大大提升。

3. 增强生理功能

（1）改善人体的心肺功能，尤其是老年人

长期参与大众健美操锻炼能够使练习者的心脏总体积指数明显提升，又能增加心室容量，还能增加心室壁厚度，明显扩充右心室腔，使得心脏出现全心增大的趋势。扩大心室有着积极的影响，有助于增加心室充盈量，提高心脏的泵血功能储备。在大众健美操锻炼过程中，参加工作的肌肉会出现节律性的收缩，呼吸也会加快、加深，使得"肌肉泵"和"呼吸泵"的作用得到明显的增强，有助于静脉回流。在此过程中，需要注意的是，要保持始终如一的强度，要放缓音乐的节奏。长期坚持大众健美操锻炼能加快机体的新陈代谢水平，会显著增强心血管的功能，也会逐步提升身体的机能，使身体的免疫力提高，预防疾病的发生。

（2）促进肌肉、骨骼、关节的匀称发展，塑造形体

坚持长期的有氧运动能够消耗身体内多余的脂肪，达到健身育体的目的。大众健美操运动能够锻炼肌肉内的肌纤维，使其更加坚韧有力，同时加速血液循环，改善新陈代谢水平。不仅如此，进行科学合理的大众健美操锻炼还能增强骨密质，使骨骼更加有力，进一步提升骨骼系统抗折断、压力、扭转的能力，增强关节的韧性，使得关节的弹性和灵活性更好。

（3）提高消化系统的功能

进行大众健美操锻炼，能够在一定程度上增加消化液分泌，促进胃肠蠕动，有效加快食物消化、吸收的速度。进行大众健美操锻炼时，呼吸会使膈肌大幅度

上下移动，使得腹肌的活动更频繁，相当于给胃肠道做了按摩，这就使得胃肠道的消化功能得到了增强。正是因为运动会促进人体的血液循环，加快新陈代谢，有效提升肝脏的功能。所以，随着科学技术的进步和社会文明的发展，人类更加注重健身运动，大众健美操也是人类健康长寿的推动力。

4. 减肥塑身功能

减肥方式多种多样，比如节食减肥、药物减肥、针灸减肥等，但解决肥胖最根本的方法——运动，往往被人们所忽略。大众健美操运动量适中，锻炼难度低，减肥效果明显，是减肥人群比较好的选择。在大众健美操锻炼过程中，练习者必须加速运动身体各部位的肌肉，使练习的动作充满力量，这样才能有效消耗身体内多余的脂肪，同时也能锻炼肌肉内的肌纤维，使其坚韧有力、充满力量，还能促进身体的协调发展。所以说，参与健美操运动，不仅能让人们变瘦，还能让人们拥有健美的体态；不仅能达到减肥的目的，还能塑身塑形。

（三）大众健美操的健心价值

1. 缓解精神压力

科技的进步和社会的发展给人们的生活带来了舒适和便利的条件，但与此同时，人们也承受着来自学习、工作、情感等各方面的精神压力。广泛开展大众健美操运动能让人们的攻击性在这种场所中发泄出来，调节人们的心理。可以说，大众健美操运动有着积极的影响，能够调试人们的压力。拿当代大学生来说，在日常学习生活中就是面对复杂的方程式或者大篇幅的文字，大众健美操可以引导他们释放激情，从而更好地投入学习生活。

现代社会心理学认为人具有一种与生俱来的攻击性，与一切动物的攻击性一样，是一种保护自我存在的必要条件。行为学家的观点认为单纯的压抑和控制只能收到局部的、短暂的效果，不能对这种攻击性进行长久的控制，必须通过合理的途径发泄出来，不然长期累积，容易爆发难以预料的恶性事件，而体育锻炼是让不良情绪和行为在可控制的范围内发泄出来的有效途径。其中，有氧运动的大众健美操具有丰富的步伐动作，并且节奏变化快，配上新奇激昂的音乐，会使动作具有一定的力量感。在运动锻炼的过程中，能够充分地展现主体的自我性，使得人们的激情得以宣泄，进而产生乐观、积极的态度，更加热爱生活，保持积极向上的热情，避免产生不良的观念。

大众健美操也可以面向少年儿童进行编排，少年儿童的典型特征为不能长时间集中注意力，而且情绪变化明显。在编排少年儿童的健美操时，需要让编排的动作具有直观、形象、生动的特点，能够舒缓少年儿童的心情，让他们主动参与到锻炼中，使得他们在学习方面的压力得到缓解，以快乐的心态参与学习，从而能够健康成长。

青年人具备旺盛的精力，肢体动作也比较敏捷，针对青年人开展的大众健美操应适当增加难度、加大运动强度，合理延长运动时间。搭配充满激情的音乐，青年人跟着节奏律动身体，释放内心的压力，保持更积极主动的心态来面对生活和学习中的困难。

中年人的压力来自各个方面，或者是来源于工作，或者是来源于生活，或者是来源于自身。针对中年人的大众健美操编排，应选择舒缓的音乐。中年人在轻松的氛围中舒展身体动作、放松自己，释放身体和心理方面的压力。

2. 增强自信心

进行大众健美操锻炼会搭配合适的音乐，在音乐的辅助下营造活跃的氛围，使得节奏更加欢快，置身其中的人们尽情展现自己形体的美，扫清内心烦闷的情绪，在健身中寻找自我，增强自信心。在大众健美操运动中，性格内向的人也能重塑自信，改变以往不敢在人前大声说话的习惯。大众健美操既能塑造外在的形体，也能强化内心的感受，让人们敢于在大众面前展现自我，敢于热情奔放地跳舞，感染身边每一个人。

3. 增强社会交往

进行大众健美操运动还能增强人们的社会交往，使人际关系更加和谐。人们通常在学校或者健身房进行大众健美操锻炼，还有一部分老年人喜欢在空旷的广场进行健美操运动。在社会和学校中，大众健美操的练习方式是集体形式，营造的运动氛围比较轻松，人们愿意进行沟通交流，人与人之间能够很容易地建立起友谊，使得人与人之间的交往更加频繁，有助于良好关系的建立。除此之外，大众健美操没有专业、系别、职业、学历、年龄、性别的限制，有助于加强不同集体之间的交流，能够有效拓展交往的范围。大众健美操的动作是有一定的难度的。在练习的过程中，人们相互帮助、相互指导，共同努力，共同进步，在这一过程中能够加深对彼此的了解，建立良好的关系。大众健美操是一项实践活动，能够弥补学生教育中实践不足的情况。

大众健美操运动是一项集体的运动。在运动过程中，个人要服从集体，协调好人与人之间的关系，有助于增强人们协调和交往的能力。在学校或者是健身房，难免要接触他人。健身房里的人来自各个阶层、各种职业，在健身房进行大众健美操锻炼，不仅能增强身体素质，还能增进社会交往，认识更多的人，与他人有更多的沟通交流的机会，使自己从忙碌的工作学习中暂时解脱出来。所以说，大众健美操运动能够产生积极的影响，既能锻炼身体、增强身体素质，还能锻炼内心、增强人们的社会交往能力。

（四）大众健美操的经济价值

现代社会越来越表现出知识经济的特征，这一特征改变了人们对体育运动的认识。现代社会中"买健康"的观念越来越流行，人们越来越愿意为健身娱乐的体育运动买单。

随着科技的进步、社会经济的发展，大众健美操的经济价值也在不断升级。生活质量的提升使得人们的需求发生了改变，物质上的享受难以满足人们全部的需求，体育运动越来越频繁地出现在人们的日常生活中，人们越来越重视参与大众健美操运动，这是因为大众健美操在医疗、保健、健身、娱乐等方面具有显著的实用价值，不同年龄的爱好者被其吸引，逐步参与到大众健美操运动中来。这种情况使得大众健美操获得了一定规模的消费群体，各类健身器材专卖店、健身房、健身教练都从中获得了不菲的收益。越来越多的人喜欢参与大众健美操运动，形成了一股健美操运动的热潮。

以上分析表明，大众健美操具有广阔的市场，具有相当规模的消费群体。更多的人愿意参与到大众健美操运动中，有助于全民健身计划目标的实现，在一定程度上也有助于推动国民经济的发展。

1. 间接经济价值

大众健美操运动能够增强人们的综合素质，全面锻炼人们的身心。现代企业越来越重视企业文化建设。企业文化建设的水平影响着企业的形象和职工的素质，也关系着职工工作的效率和企业的效益。在企业文化中，职工体育是极其重要的一部分，而大众健美操又是职工体育重要的组成部分，特别是女职工占多数的单位更加明显。所以，开展大众健美操运动有着重要的意义：一方面，能够增强职工的身体素质，减少疾病的发生；另一方面，对增强企业的凝聚力、向心力发挥着重要的推动作用。

2. 直接经济价值

在健身市场上，大众健美操具有广阔的发展前景。大众健美操产业的形成与发展有着重要的影响，能够推动国民经济发展。体育产业的兴起主要是为了满足人们的健身等需求。社会经济的发展推动了大众健美操健身市场的发展，使得人们具有多样化体育活动的需求和欲念。

充分考虑消费者的需求，是体育运动走向市场过程中必须要考虑的问题，有了市场，体育产业才有发展的可能。体育消费最重要的就是要具备增进健康、愉悦身心的效益。体育运动项目只有顺应时代的需求，积极进行改革和创新，才能获得长期的发展。相比于其他体育健身项目，大众健美操拥有更大的市场，具有广阔的发展前景。

大众健美操是一项操练身体的项目，界定范围比较广。大众健美操与田径项目以人类生存和生活的技能——走、跑、跳为主体的活动有明显的区别，与球类项目鲜明的游戏对抗性也有很大的差异，不同于一些需要在水上、冰上、空中等特定的环境下进行活动的运动项目。大众健美操人为性特点比较明显，根据人们的需要而人为地创造动作进行练习。它能充分锻炼人的肢体各个部位，进一步增强人们的体质。大众健美操可以科学地调整人们的姿势，有效调节动作方向、动作路线、动作频率、动作速度和动作节奏，创编适合于各个群体或个体的练习动作。除此之外，大众健美操对运动的环境条件没有限制，可以在室外、室内、广场、大厅、娱乐场所、健身房，甚至在家庭的居室中进行练习。而且，大众健美操没有练习时间的限制，时间可长可短，具有广泛的适用性。

"利生健康城"是我国建立的第一家大众健美操健身中心。1987年，这家健身中心向社会开放，第一次详细介绍了大众健美操这项新的体育运动。大批的健身爱好者被大众健美操新颖的锻炼方式、良好的健身效果所吸引，积极参与大众健美操运动。大众健美操运动一方面能够增强身体素质，另一方面能够娱乐身心，这使得大众健美操运动在健身市场上具有广阔的发展前景。精明的投资者准确把握了广大健身爱好者的心理，积极开拓健美操市场，抓住了大众健美操的商机，在社会上建立了大量的以大众健美操为主要形式的健身中心、俱乐部，促进了大众健美操运动的快速发展，进一步推动了国民经济的发展，同时也收获了可观的效益。

总的来说，现阶段的大众健美操成为一种普遍的社会文化现象，在全社会范围内推广和普及。大众健美操具有大众体育和大众健美操双方面的社会价值。将大众健美操纳入全民健身事业中能够有效推动我国健身事业的发展，增强民众的身体素质。

第二章　大众健美操教学理论研究

大众健美操的教学和其他运动项目一样，是一种有目的、有计划、有组织的系统科学的实践过程。本章主要从四个方面对其进行详细的阐述，分别是大众健美操教学的规律与原则、大众健美操教学的方法与手段、大众健美操教学的组织方法以及大众健美操教学动作的基本要求。

第一节　大众健美操教学的规律与原则

一、大众健美操教学的规律

既然大众健美操教学是一个循序渐进的过程，那么学员在动作技能的掌握上就无疑会经过几个阶段，这一过程也就是我们常说的技能形成的一般规律，大致可分为三个部分。

（一）粗略掌握动作阶段

学员在初学动作的时候，往往都会有这样的感觉：紧张、慌乱、不准确、不协调、不优美等。其实这是非常正常的，因为此时神经兴奋在大脑皮层运动中枢过于分散，致使参与完成动作的神经元非常兴奋，不参与运动的神经元也发生兴奋，因此出现慌乱。并且，这一阶段参与完成动作的神经元，其兴奋的强度和产生兴奋的时间也不够精确，因此也特别容易出现错误动作。

根据这一阶段的特点，教师在教学时应抓住动作的主要部位和主要环节，以正确示范动作和提示关键问题来强调动作的重点，以帮助学员初步掌握基本动作。

（二）逐步完善动作阶段

经过不断学习，大脑皮层运动中枢内的兴奋和抑制过程相对集中。兴奋和抑制在运动中枢内的转化也逐渐及时和准确，其表现是对动作的控制能力得到改善。这时，紧张动作、多余动作、错误动作被逐渐消除，学员能较为顺利地完成动作，基本上达到"心想事成"。

由于这一阶段正处在一个完善提升的过程，动作尚未定型，因此一遇到新的刺激，诸如领操、表演、比赛等，又容易把动作做错或忘记。针对这一阶段的特点，教师在教学过程中要特别强调动作的细节，及时纠正出现的错误动作，提高分化抑制的能力，达到较准确地完成动作的目的。

（三）不断巩固动作阶段

被完善和提高了的动作，必须经过反复练习，使大脑皮层的兴奋和抑制在时间和空间上更加集中和精确，才能使动作定型达到牢固的程度。因此，在这一阶段，教师必须遵循精讲多练、精益求精的原则，严格动作质量，通过反复练习使动作完成得轻松、自如、优美。

动作定型达到了巩固程度也并不是一劳永逸了。就像人的记忆，记住了的东西，如果不去经常回忆、经常使用，随着时间的推移，记忆也会消退。这就是为什么要强调"曲不离口、拳不离手"的道理。因此，教师这时应对学员提出进一步的要求，提高他们学习的自觉性，并培养他们自学、自练、自编以及教学的能力，从而更牢靠地巩固动作，发展动作。

当然，大众健美操动作技能形成的三个阶段并不是截然分开的，它们是一个完整的掌握动作技能的全过程，是相对而言的有机联系体。所以，锻炼过程中各个阶段持续时间的长短应根据学员的实际接受能力而灵活掌握，决不能一分为三、生搬硬套。根据大众健美操的特点和实际情况，教师授课时间一般较短，学员的水平也千差万别，因此前两个阶段的教学尤为重要。巩固阶段学员往往只能靠教师的引导和骨干的带领，在业余时间不断练习和提高。

二、大众健美操教学的原则

为了使大众健美操的教学工作更有针对性和规范性，使教的一方明确教学方向和目的，了解大众健美操的几点教学原则是非常必要的。

（一）体现大众健身的原则

大众健美操是一项大众健身活动，是以改善和提高人的健康水平为主要目的的运动，因此大众健美操的教学应当有别于专业健美操的教学，两者在教学原则上也有所不同。

首先，在进行大众健美操的教学之前，应对广大的健美操爱好者进行思想上的教育，帮助学员树立正确的学习观点，充分激发学员学习健美操的积极性。通过健美操基本知识的传授使学员了解健美操的锻炼价值，从而提高他们学习的激情和兴趣。

其次，在动作技术的教学过程中，教师应根据大部分学员的实际水平注意控制教学进度和节奏，采取切实可行的教法手段，使素质条件不一的广大学员都能够保持一种较稳定的心理状态，尽可能避免因跟不上或"吃不饱"产生的厌学情绪，用积极的手段引导他们愉快地完成学习任务。

最后，在动作技术的传授上，一开始就要力求做到准确和规范，使其明确动作的路线、方向、用力方法等，以避免养成不良动作习惯，从而更好地提高学习质量和锻炼效果。

（二）突出健美操特点的原则

由于大众健美操是一项体育和艺术相结合的运动，是以锻炼者自身的健康和形体塑造为目的的，有着强身健美的普遍意义。因此，大众健美操的教学就不只是一种单纯教授学员掌握动作技术的教学过程，应特别强调健美操所特有的艺术美和表现性，强调大众健美操的举手投足都应有的一种韵味以及所具有的律动美感，哪怕是一个手型的变化、一个眼神的传递，都离不开美。

在大众健美操教学中，离不开舞蹈基本步伐和基本姿态的训练。这就要求学员要高度重视舞蹈基本功的学习和掌握，并注意将其融合到健美操的动作中去。同时，在大众健美操的教学中，还始终离不开音乐的伴随。可以说，作为大众健美操的灵魂，音乐对每一个部位的运动应有调动和启发的作用，否则脱离音乐的健美操动作，就只能是机械的、没有生机的。

因此，在大众健美操教学中一定要突出这些特点，把动作训练和优美追求结合起来，严格控制动作姿态，强化音乐意识，尤其要通过反复配乐来培养学员对音乐节奏和音乐旋律的感受能力和理解能力，从而提高学员的内在艺术修养，增强动作的艺术表现力。

（三）贯彻美育教育的原则

大众健美操教学和其他运动的教学一样，在传授知识技能的同时始终都离不开美育教育。美育是"培养人的审美观点和审美能力的教育，也是培养人对美的爱好和创造力的教育。"这里所说的"审美观点"，在大众健美操运动中应包括动作技术审美和优良品质审美两个方面，它是内在美和外在美的协同教育结果，因此在大众健美操教学中，必须把技能美教育和心灵美教育结合起来。在使学员掌握动作技术的同时，教师可有目的地采用一些合理的教学手段，如适当增加动作难度和提高动作强度等方法，锻炼学员吃苦耐劳、知难而进的顽强毅力；在教学中采用一对一或一帮一的方法，培养学员互相团结、互相帮助的优良品质；在艺术修养的培育过程中，通过对音乐节奏和音乐旋律的感受和对乐曲情调和内容的理解，以及对颇具舞蹈韵律的动作的体会，来丰富他们的情感，陶冶他们的情操，提高他们欣赏美、创造美的能力。

第二节　大众健美操教学的方法与手段

一、大众健美操教学的方法

大众健美操将徒手体操、轻器械体操和舞蹈中的简单动作融合在了一起。按照训练身体各部位的要求和身体特点，将简单动作编排成系统的动作，在音乐的辅助下，进行身体练习。大众健美操的动作优美、音乐动听，给人以美的艺术享受。在美妙音乐的伴奏下，人们逐渐放松身体，尽情伸展肢体动作，舒缓心情，既能激发人们的运动兴趣，还能调节人们的情绪，使人感到轻松愉快。

大众健美操的教学方法，是指教师根据学习内容和预定目标，使学员较快而准确地掌握大众健美操单个动作和成套动作所采用的方法。它对于提高动作质量、顺利完成动作，有着十分重要的作用。

大众健美操教学中所采用的各种方法，是针对实际教学内容、学员实际情况以及具体条件而确定的。

大众健美操的教学需要根据动作技能形成的阶段性特点，灵活使用不同的教学方法，这样才能帮助学生在比较短的时间内标准地完成动作。运动生理学指出，任何一项动作技能从不会到会，直到最后的动力定型，都需要遵循动作技能形成的客观规律。动作技能的学习基本包括初步学习阶段、提高动作质量阶段、完成动作阶段，每一个阶段都有各自的特点，因此每一个阶段采取的教学方法也应有所区别。

（一）初步学习阶段

在学习动作技能的初期，大脑皮层兴奋过程扩散，处于泛化阶段，具体表现为学习动作时把握不准方向、路线，动作不到位、不协调，自控力比较差，导致"看似会做而一做就错"的情况。针对这种情况教师可选用下列教学方法。

1. 提高兴趣法

美是大众健美操动作的核心要素，大众健美操运动的基础是人体的自然动作。在学习大众健美操之前，教师应向学生讲解健美操美的表现形式，让学生了解大众健美操的锻炼价值并掌握运动技能的形成规律。在教学过程中，教师应多表扬和夸奖学生，以激发学生学习的兴趣。

2. 示范讲解法

示范讲解法是大众健美操教学中最基本、最直观的一种方法。无论是初学动作、提高动作还是纠正动作，都离不开示范与讲解。因此，教师的示范动作一定要准确、优美，务必给学员留下一个正确、完美的印象；教师的讲解一定要生动形象、重点突出，以帮助学员更好地理解动作。

示范的位置、方向应根据学习条件、动作性质而定。在场地大、人数多的情况下，示范的位置应设在一个高台上，使所有学员都能够观看到教师从头到脚的示范动作；对于较复杂的动作，应采用和学生方向一致的背面示范；前后运动的动作应做侧面示范，以使学员能够观察到动作的运动范围；在提高动作质量阶段一般采用面对学生的镜面示范，以便于观察到学员完成动作的情况；根据动作完成情况应做必要的重点示范，提示学员应注意的动作关键；在纠正错误动作时可采用正确动作与错误动作对比的示范方法，以使学员找出自己的错误动作所在，加深对正确动作的理解，从而更快地改进动作。

讲解时，教师应根据动作的难易程度和学生的实际水平，力求讲解通俗、易懂、简练、形象，语言要准确、鲜明、生动，要抓住重点和难点。同时，还应当特别注意讲解的顺序和运用专门用语（术语）。动作的讲解一般按从左到右、从下而上（腿、上体、臂、头）或下肢、上肢、上体和头部的顺序进行。术语的运用不仅能扩大学员的知识面，还能使讲解准确、精练。讲解语言的生动形象则能使学员听起来兴趣盎然，也能帮助他们更好地理解动作。在纠正错误动作的过程中，普遍存在的错误应集中讲解，个别存在的错误应进行个别辅导，这样可以提高教学效率。

示范与讲解要协调配合、合理运用，该精则精、该简则简、有的放矢、防止盲目和千篇一律，才能顺利、圆满地完成教学任务。

大众健美操的教学方法一般为教师在前面教，学生在后面模仿。示范的位置和示范面会影响示范的效果，因此教师必须选择合适的示范位置和示范面。教师示范简单易学的动作时可以采用镜面示范的方法，这种方法让学生能够看清自己的学习情况，对于错误动作能够及时予以纠正。教师在示范比较复杂的动作时，可以采用背面示范的方法，采用这种方法让学生能够看清动作方向和路线。教师在示范绕横轴运动的动作路线时可以采用侧面示范的方法。在教学过程中，教师需要分析动作技能形成各阶段的特点，以便进行针对性的示范。例如，在教学第一阶段，教师需要完整正确地示范，在讲解时做到生动、形象、简练，帮助学生建立完整正确的动作概念；在教学第二阶段，教师不仅要做完整示范，对于学生练习中的问题还要做重点示范，给学生演示和讲解错误的动作并且及时纠正学生的错误；在教学第三阶段，教师的示范会减少，重点是帮助学生改进细节，强化动作技能。

教师在讲解时需要做到生动形象、通俗易懂、简明扼要、抓住重点和关键，并且要有针对性。教学阶段不同，所要讲解的内容也不同，采用的教学方式也不同。少而精是讲解和示范的重点，给学生足够的时间去练习，在练习中体会教师讲解的内容，才能让学生掌握动作的要领。示范讲解法的教学顺序一般有三种。

（1）上下结合，先下后上

按照生理学原理，练习者需要先学会下肢动作，再掌握上肢动作，然后上下肢动作相互配合，这样有助于学生尽快掌握动作要领。

（2）左右结合，先左后右

对称美是健美操运动中很重要的美学特点。对称美讲究左边动作和右边动作一致，但是方向相反。教师在教学过程中一般遵循先教左边、再教右边的原则。如果左右动作一起教学，就容易使学生感到混乱，不利于学生记忆动作。

（3）头躯结合，先头后躯

健美操练习对动作有一定的要求，动作必须优美大方、活泼舒展。这就要求头部与动作配合协调、默契。例如，在进行体转运动时，当身体向左转体时，先用头带动躯干向左转体，这样会使动作看起来更精神，也能达到转体的效果。在教学过程中，需要格外注重头部动作的训练，其次才是身体动作的配合。

（二）提高动作质量阶段

在完成初期的训练之后，动作的协调性和准确性会有明显的提升，但此时动作技能尚缺乏巩固，可能会出现新的问题。在这一阶段，教师可用下列教法进行教学。

1. 完整法与分解法

在大众健美操教学中，完整法与分解法一般用于一个完整的单个动作教学。

完整法是不分部分地教一个完整的动作，分解法则是将完整动作分成若干部分来教。两种方法在应用上各有优劣，需取长补短，密切配合。这种配合教学也是一个由表及里，由里及表地认识动作、掌握动作的过程。

完整法一般用于建立完整概念和简单动作教学。对于复杂动作，完整法要在分解教学之后使分解了的动作有机结合起来，连贯起来，完整起来。完整教学时，教师一定要根据动作的构成把开始姿势、身体部位、动作方向和结束姿势运用示范讲解的方法教授，使学员了解动作的细节，以便正确地完成动作。

在运用分解法教学时，也一定要注意动作的完整性，切不可将动作的各部位运动截断分开。两个部分同时运动的分解教学应掌握分解的次数和联合的时机。如果运用不好，则会影响动作完成的质量，影响动作的连贯性，破坏动作的节奏和美感。

2. 练习与调整

练习与调整都是为完成教学任务而采取的一种实践方法，它是掌握动作和提高教学质量的最重要手段。在大众健美操的教学中，平日进行练习和调整的方法有以下几种：

（1）带领法

在初学动作阶段，往往需要在教师的带领下边学边练。带领练习，可以使学生更加明确动作的全貌、细节和联系，便于更好地掌握动作。在成套大众健美操的教学中，随着动作数量的增加，一些初学动作尚未巩固，因此很容易出现记忆混乱。这时，教师必须带领学员一起来做，以启发学生的记忆，否则会给学员的学习增加太多的负担，影响学习进度。

在巩固动作阶段，可以利用骨干带领的方法进行反复练习。这种方法的好处是可以使教师有充足的时间，观察学员掌握动作的情况，以利于及时改进动作。同时，在这一阶段，教师还可以多采用提示性的带领方法，在关键的动作或关键的连接处，加以引导，提高学员学习的主动性和记忆的能力，对教学也是极为有利的。

（2）语令法

语令法是将动作名称、节奏、方向、做法等用口令的方式，指导学员练习的一种方法。在初学动作阶段，语令法常和带领法配合使用，使学员眼看、耳听、体动，从而加深动作的记忆，提高学习效率。在提高动作质量、巩固动作阶段，由于所做动作还是受到理性（大脑）的支配，且记忆尚不牢靠，因此在一些复杂动作和复杂动作连接时会出现慌乱和差错，此时教师准确的语令会给予学员相应的提示，从而顺利完成动作。

在运用语令时，要注意用语准确、简练和生动；语令的发出要和动作节奏相一致，否则会破坏学员的动作节奏；语令发出的时间，应根据所要提示的内容而定；动作名称的提示，一定要在该节动作前完成；动作的纠正，可在动作中提出，如"手臂伸直""脚要跳起""眼向前看"等。

（3）交替法

交替法是将学员分成若干组进行交替练习的方法。这种训练方法，可以调节练习的密度，控制学员的身体负担量，有利于学员掌握动作。组别的分配，可根据学员人数、学员掌握动作的情况以及学员身体素质的水平来进行。

（4）衔接法

衔接法是动作与动作之间连接的一种教学方法。一套完整的大众健美操，是由开始部分、基本部分和结束部分组成的。动作顺序一般是颈、肩、胸、腰、髋、四肢。因此，在教学之前要先向学员介绍该套动作的结构和顺序，说明每节动作几个八拍，或明确一套动作可分成若干段，如头、颈、肩部运动为一段，腰、胸、髋部运动为一段，跳跃为一段等，以帮助学员在练习中更好地记忆动作。

在练习的时候，要注意使学员学后不忘前，后面一节教完，应和前面一节或几节连起来练习，以增加练习的次数和连接的次数。在复杂动作的连接时，应结合其他教法，如重点带领法、语令提示法、反复练习法等多种教法进行练习，以加深学员对动作连接的记忆和提高学员熟练程度。在提高学员对动作衔接能力的过程中，应重视音乐在其中的作用，因为音乐的节奏和旋律等都是启发、启动动作的信号。所以，在动作连接的过程中，应始终伴随着音乐去进行。

（5）纠正法

纠正法即发现错误动作后及时进行纠正的方法。首先，教师应针对出现的错误采用示范与讲解的方法，应用生动形象的语言或比较夸张的错误动作示范，帮助学员找出错误动作的部位、产生原因和性质，然后再采用相应的措施进行纠正。其次，纠正错误的措施应贯穿在整个教学过程之中。例如，对于整节动作错误的纠正，应像新动作教学一样，重新进行详细的示范讲解，根据动作的难易程度，采用完整、分解教法或慢动作教法，来体验肌肉的用力顺序；对于局部错误的动作，应该先将错误部位提出，进行局部纠正，然后完整练习；对于动作方向上的错误，可采用带领法、语令法或手势指引等方法进行纠正；对于动作节奏上的错误，采用口令教法则效果更好。若是一拍两动的动作，可用"1—达""2—达"的口令进行指挥。最后，纠正错误动作时，采用的教法一定要得当，错误动作示范时，要注意尺度，决不能使学员有被丑化的感觉，防止伤害学员的自尊心；对于接受能力较差的学员，要多进行个别辅导，树立学员的信心，以带领学员较好地完成教学任务。

（三）完成动作阶段

完成动作阶段大脑皮层兴奋过程高度集中，学生的动作技能自动化程度比较高，动作达到了熟练、准确、轻松的程度。为了进一步提升教学质量，教师可侧重使用下列教法。

1. 领操提示法

领操是一种直观的教学方法，具体来讲就是教师在前面做，学生在后面模仿。通过这种方法，学生能够更好地熟悉整个动作和整套操的过程，了解怎样使动作和音乐更吻合。学生经过练习能够加深自己的记忆，使动作更加熟练。

教师在教学过程中还可以采用口令和节拍的方法，指导学生更好地完成动作。还要尽量使用形象化的语言，避免教学的呆板枯燥，也能激发学生学习的兴趣。

2. 观摩比赛法

为了帮助学生更好地掌握成套健美操的动作技能，使学生的训练量达标，教师可以把学生划分成若干个小组，让各小组进行交替练习，相互观摩。然后，让学生把观摩获得的心得体会与自我练习相结合，充分发挥学生的主观能动性，使他们的动作更加熟练。

在完成动作阶段，教师可以采用多样化的教学方法，利用比赛的方式进一步提升学生完成成套动作的熟练程度，充分发挥学生的主观能动性，加强团队协作。在比赛过程中，可以发现练习中的问题，激发学生参与的积极性，提升教学质量。

二、大众健美操教学的手段

（一）大众健美操教学手段的作用

大众健美操教学手段是指健美操教学传递信息和情感的媒介物以及发展体能和运动技能的操作物。健美操教学手段与教学方法关系密切，健美操教学手段是实现健美操教学方法的重要途径，也是实现教学方法的重要基础，二者相互影响、共同发展，在健美操实践中发挥着重要的作用。

1. 沟通信息，调控教学过程

在健美操教学过程中，教师和学生一般通过视觉、听觉接收信息，而这些信息需要通过使用各种教学手段才能传递出去。

2. 提高信息的接收效果和教学质量

信息发出后被对方接收需要具备一定的条件，一是信息本身的可接受性，二是接收者的状态。很多教学手段都能在这两方面发挥积极的作用。例如，在教学健美操成套动作时，教师可以采用电视、录像等教学手段激发学生的兴趣，刺激学生的视觉，尽可能地增加信息接收量，提升教学质量。

3. 突出动作技术的重点和难点

在学习有一定难度的技术动作时，教师可以采用电视、录像等教学手段，慢速、多次、重复地播放动作技术的视频，使学生了解动作技术的关键环节，帮助学生掌握技术的重点和难点。

4. 进一步提高和改进动作

在学生练习过程中，教师可以使用现代化的教学手段给学生的动作进行录像，学生通过观看录像发现问题并及时给予纠正。

（二）大众健美操教学中常用的教学手段

现阶段，大众健美操拥有更多科技化、信息化、专业化、合理化的教学手段，能够满足不同教学方法的需求，在大众健美操实践中发挥着重要的作用。现代健美操教学的手段包括视听类和场地练习类。视听类：图解、电视、录像、互联网、计算机、多媒体等。场地练习类：轻器械、固定器械、地板、场馆等。

在大众健美操教学中，多媒体课件信息技术是一种新型的教学手段。它能够产生很好的教学效果，在教学中发挥着重要的作用。多媒体课件信息技术能够营造图文并茂、有声有色、生动逼真的教学环境，给学生以视觉刺激，突出大众健美操的重点和难点，使学生充分发挥主观能动性，进一步提升教学效果。

（三）选择大众健美操教学手段应注意的问题

1. 要有助于教学质量的提升

在选择大众健美操教学手段时，应明确其选择目的，采用教学手段是为了辅助教学，激发学生的学习兴趣，提高教学效果。

2. 要从具体条件出发

在选择大众健美操教学手段时，必须从具体条件出发，不仅要考虑到现有的场地、器材、设备等实际情况，还要因地制宜，合理选择教学手段，提升教学质量。

3. 要协调好人与操作物之间的关系

在选择大众健美操教学手段时，必须便于师生双方进行活动，能够有效调节师生之间的关系，便于师生发挥主观能动性，处理好人与操作物之间的关系，使器材、设备、现代化教学手段服务于人的教学。

第三节　大众健美操教学的组织方法

教学组织是确保教学任务顺利完成的重要环节，从课前准备到结束，都应周密细致，一切为教学内容服务。

在课前，教师应根据教学内容、学员人数、学习条件，以及学员实际水平和思想状况等，周密设计一堂课的教学结构和应采用的教学措施。每节课前，都必须检查教具准备情况，如放音机、电源、音频文件、教案等，以利于教学的顺利进行。

教学中，教师要选择最佳站位，合理调整学员和教师间的距离，以及学员相互之间的距离，以利于教师和学员之间能相互观察。教师应注意观察学员的学习情绪，及时找出原因，并采取有效措施，集中学员的注意力，激发他们的学习热情。同时，教师应根据所学动作的结构、方向，以及学员的要求，来选择示范的方法，如正面示范、背面示范、侧面示范、分解示范、完整示范、慢动作示范等，以便学员更准确地认识动作。

练习中，要根据学员人数、学员的排列站位、学员掌握动作的情况以及课的时间安排等，进行合理分组，并决定交换练习的次数，以提高教学效率。调整队伍时，要注意用口令指挥，保持课程的完整和有秩。

整个教学活动中，还应该注意发现骨干，培养骨干，有目的地安排骨干学员的组别和站位，充分发挥骨干的作用，使其成为教师的得力助手，以协助教师完成教学任务。

总之，大众健美操的教学是一种科学性很强的综合性过程，在遵循大众健美操教学原则的前提下，灵活地掌握各种教学方法，以确保教学目的的实现。

第四节　大众健美操教学动作的基本要求

一、动作示范要有明确的目的

示范要针对大众健美操教学的实际需要进行，应区别以下三种动作示范：

（一）认知示范

这种示范是使练习者了解学什么的示范。帮助练习者建立动作的整体印象、了解大致的概念是认知示范的重点内容。认知示范要做到正确、朴实，更加注重把握整体。

（二）学法示范

这种示范是告诉练习者怎样学的示范。引导练习者掌握动作完成的顺序、要领、关键、难点等，是学法示范的重点内容。学法示范要做到帮助练习者注意动作的关键环节。

（三）错误示范

这种示范是展示练习者错误动作的示范。帮助练习者了解自己动作的错误的外部特征是错误示范的重点内容。错误示范要做到既要突出错误的特征，又不能过于夸张。

二、示范要正确、美观

所谓的正确就是要求示范者严格按照动作技术的规范进行示范，使得练习者能够建立正确的动作表象。所谓的美观就是示范的动作生动、具有一定的美感，能够更好地激发练习者的兴趣。

大众健美操的教学方法丰富多样，在健美操的教学过程中，发挥着重要的作用，选择教学手段时，需要按照一定的标准来进行，比如教学目标是怎样的，教学人群是哪一类群体，教学进行到了哪一个阶段。只有选择适宜的教学手段，才能有效提高教学效果，展现大众健美操的价值，进一步普及和推广大众健美操运动。

第三章　大众健美操教学的术语与动作

本章为大众健美操教学的术语与动作，主要包括三节内容，依次是大众健美操教学术语、大众健美操教学基本动作、大众健美操教学基本技术。

第一节　大众健美操教学术语

一、大众健美操术语的概念与作用

（一）大众健美操术语的概念

术语指的是不同学科的专门用语。术语一般使用语言中已有的词汇，按语法规则构成。大众健美操术语主要是指描述大众健美操动作名称、技术过程等的专门用语和专有词汇。

大众健美操属于体操项目范畴，其动作术语是在体操徒手动作的基础上依据体操术语的基本原则发展起来的，是从人体自然动作的运动规律中派生出来的。另外，舞蹈（爵士舞、霹雳舞、中国民族舞等）专业的部分动作术语，有时也在大众健美操教学和训练中被采用。

大众健美操术语以简练、明确的词汇，确切而又形象地反映出动作形式和一般技术特征。

（二）大众健美操术语的作用

无论是俱乐部还是学校的大众健美操教学课，各种大众健美操术语都被大量使用。所以，应规范教师的课堂语言，使学生准确理解教练或教师所想表达的意思。正确使用大众健美操术语描述动作可以使学生大脑接受的动作信息尽可能精确，从而加深对动作的理解。教练或教师使用术语进行教学活动，可以大大节省课上的时间，因为大众健美操课的特点是以练习动作为主，讲解占用的时间越多，练习的时间就会越少。健身俱乐部的有氧大众健美操课的特点决定了在上课的整个过程中，教练几乎没有停下来讲解的时间，因此教练会在带领大家练习的同时加入语言讲解，所用的大众健美操术语必须简短而准确。大众健美操术语的另一个作用是用于记录动作，编写教案、教材及专业书籍时作为准确的书面用语。

大众健美操术语在传播、交流信息的过程中必须符合"简练、准确、易懂"要求，大众健美操术语在提高教学、促进普及等方面有着重要的意义。

二、大众健美操教学术语的种类

大众健美操的术语比较多，而且来源也非常广泛，有很多术语都与其他运动项目有很大的关系。下面我们主要介绍大众健美操的术语，并对其进行分类汇总。

（一）大众健美操教学基本术语

1.场地的基本方位术语

大众健美操的基本方位术语基本都是源于舞蹈，用来表示人们在健身场地上应当处的方位。大众健美操的基本方位一般分为 8 个，以某个点为中心画圆，然后将圆以 45° 为单位进行分割，这样就形成 8 个不同方向的基本方位。一般将面向主席台的方位标记为 1 点，然后顺时针旋转，依次标记为 2、3、4、5、6、7、8 点（图 3-1-1）。

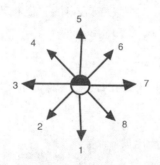

图 3-1-1　场地基本方位

2.运动方向术语

运动方向具体来说指的是人的身体部位所运动的方向，以人们直立时的基本方位为基准。

向前：人体正前方。

向后：人体正后方。

向侧：人体肩部方向，需要具体指明左或右。

向上：人体正上方。

向下：人体正下方。

顺时针：与钟表上的时针运动相同的方向。

逆时针：与钟表上的时针运动相反的方向。

中间方向的斜方向：与人体正前、正后、正左、正右几个方向呈45°角的方向。

向内：由身体两侧向人体中线。

向外：由人体中线向身体两侧。

同向：不同的肢体朝同一个方向。

异向：不同的肢体朝相反的方向。

3. 动作之间相互关系术语

同时：肢体动作要同步进行。

依次：不同肢体相继运动。

交替：不同肢体动作重复运动。

双侧：双臂同时或者下肢依次做相同的动作。

单侧：只有单个肢体运动或者肢体只在一个方向上运动。

同侧：上肢或者下肢与最先运动的肢体在同一方向上运动。

异侧：上肢或者下肢与最先运动的肢体在不同方向上运动。

同面：上下肢在同一平面上运动。

异面：上下肢在不同平面上运动。

对称：身体两侧肢体做同类的动作，但方向相反。

不对称：身体两侧肢体做不同的动作。

4. 动作中连接过程术语

连接过程术语指的是表示肢体运动的先后顺序或者肢体关系的词语。

由：运动开始的地方。

经：运动经过的地方。

成：动作应当形成的姿势。

至：动作要求到达的位置。

接：两个连续动作。

5. 运动形式术语

举：身体肢体做向上的动作然后停在某一位置。

屈：身体躯干或者某一部分做出有一定角度的动作。

伸：肢体在一定角度下伸直。

摆：肢体在某个平面内有节奏地从某一位置移动到另一位置，但是运动幅度不超过180°。

绕：身体某一部分转动或摆过180°以上（360°以上称绕环）。

踢：腿部迅速有力地摆动。

撑：手掌和身体其他某一部分同时着地来使身体保持某一姿势。

交叉：双臂或者双腿叠起来并形成一定的角度。

转体：躯体以身体中心为轴旋转。

平衡：一般指的是在一只脚站立的情况下使躯体保持静止。

水平：使躯体或者身体的某一部分与地面平行。

波浪：一般指躯体的某些关节做有规律的伸和屈的动作。

跳跃：身体向上悬空然后下落。

劈叉：两腿向不同的方向运动，最终呈"一"字形与地面平行。

提：躯体某一部分做由下至上的运动。

沉：躯体的某一部分呈向下放松的状态。

含：身体的肩胛骨呈打开的状态，同时胸部内敛。

挺：躯体的胸部或者腹部向躯体正前方展开。

振：身体某一部分有节奏地抖动。

夹：身体某一部分由两侧向中间收拢。

收：身体恢复原来的位置和状态。

推：手臂弯曲后向身体正前方伸直并发力。

倒：躯体由直立变成水平的状态的过程。

蹬：腿部弯曲然后突然伸直并发力。

倾：躯体姿势保持中心线与地面成一定的角度。

控：躯体的某一部分在一定时间内保持一定的姿势。

6. 移动术语

移动：躯体或者某一肢体向某一方向运动。

向前：向前面参考点的方向运动。

向后：向后面参考点的方向运动。

向侧：向身体侧面参考点的方向运动。

原地：原来的位置。

转体：躯体以垂线为轴进行转动。

绕圆：躯体以某一点为中心运动。

7. 移动轴与面的关系术语

轴与面是人们在运动中经常使用到的术语，尤其是肢体进行绕环动作时，经常会涉及。

垂直轴：身体重心与地面的连线同时又与地面垂直的轴，也叫作纵轴。通常来说，人们在垂直轴上能做的动作是最丰富的。

额状轴：身体重心左右方向的连线同时又与地面平行的轴，也叫作横轴。通常来说，人们在额状轴上主要做一些翻的动作。

矢状轴：身体重心前后方向的连线同时又与地面平行的轴。与额状轴类似，人们在矢状轴上一般也是做一些翻的动作。

水平面：与地面保持平行的面，一般人们通过水平面把人的躯体分为上下两个部分。

额状面：额状面是用来把人的躯体分为前后两个部分的面，以身体重心左右方向做切面并且与地面垂直。

矢状面：矢状面是用来把人的躯体分为左右两个部分的面，以身体重心前后方向做切面并且与地面垂直。

（二）大众健美操教学专门术语

1. 基本步法名称术语

步法，顾名思义指的就是人们脚部运动的方式，如人们的走、跑、跳等不同动作。如表 3-1-1 所示，列举一些常用步法的英文说法。

表 3-1-1 大众健美操基本步法中英文术语对照

中文	英文	中文	英文	中文	英文
踏步	March	走步	Walk	一字步	Easy walk
V 字步	V-step	漫步	Mambo	并步	Step touch
交叉步	Gross step	点地	Tap touch	后屈腿	Leg curl
吸腿	Knee lift	摆腿	Leg lift	踢腿	Kick
跑步	Jog	并腿跳	Jump	开合跳	Jumping jack
单腿跳	Hop	弹踢腿	Flick	半蹲	Squat
弓步	Lunge				

在健美操运动中，步法根据不同的分类方式有不同的叫法，如果按脚掌对地面的冲击力来区分的话可以分为无冲击力步法、低冲击力步法和高冲击力步法；如果按脚掌的运动形式可以分为踏步、迈步、点地、抬腿和双腿。如表 3-1-2 所示，列举具体的分类方法。

表 3-1-2 大众健美操基本步法分类

类别	高冲击力步法	低冲击力步法	无冲击力步法
踏步类	跑步（Jog） 小马跳（Pony）	踏步（March） 走步（Walk） 漫步（Mambo） 一字步（Easy walk） V 字步（V-Step） 桑巴步（Samba） 恰恰步（Cha-cha）	
迈步类	踏步跳（Leap） 迈步吸腿跳（Step knee）	并步（Step touch） 交叉步（Gross step） 滑步（Slide） 迈步点地（Step tap） 迈步吸腿（Step knee） 迈步踢腿（Step kick） 迈步后屈腿（Step curl）	
点地类		脚尖点地（Touch） 脚跟点地（Tap）	
抬腿类	吸腿跳（Knee up） 摆腿跳（Leg lift） 钟摆跳（Swing） 弹踢腿跳（Kick jump）	吸腿（Knee lift） 摆腿（Leg lift） 踢腿（Kick）	

续表

类别	高冲击力步法	低冲击力步法	无冲击力步法
双腿类	并腿跳（Jump） 开合跳（Jumping jack） 弓步跳（Lange jump）		弹动（Spring） 半蹲（Squat） 弓步（Lunge） 提踵（Calf raise）

2.基本上肢动作名称术语

（1）常用手型

常用手形包括基本手型和其他手型。

①基本手型

掌型：并掌、开掌、立掌。

拳型：实心拳、空心拳。

②其他手型

西班牙舞手型、剑指、响指、"V"形指、托掌、孔雀指等。

（2）常用上肢动作

上肢动作一般指的是人们双臂的运动，其形式比较丰富，也是健美操运动的常用动作，其英文表示方式，如表3-1-3所示。

表 3-1-3　健美操常用上肢动作中英文术语对照

中文	英文	中文	英文
屈	Bicep curl	伸臂	Tricep kickback
举	Raise	前举	Front raise
侧举	Lateral raise	振	Shake
摆	Swing	低摆	Low row
绕	Scoop	绕环	Circle
旋	Rotation	推	Push
胸前推	Chest press	肩上推	Shoulder press
上提	Upright row	下拉	Put down
冲拳	Punch	交叉	Cross

3.身体其他部位的动作术语

胸部动作：主要指胸部的运动，包括舒展、收缩、震动等。

腰部动作：主要指腰部的运动，包括转动、弯曲等。

髋部动作：主要指髋部的运动，包括绕髋、摆髋等。

躯干动作：主要指躯干的运动，包括向前、向后等。

以上所说的这些动作大部分来自体操和舞蹈。

4.地面动作术语

健美操有很多动作都是在地面上进行的，主要用来训练部分肢体的力量。

跪：双膝着地，膝盖以上保持直立。

坐：臀部着地，腿部可以呈不同的姿势。可以分开，或者并在一起，或者其他姿势。臀部以上保持直立。

卧：躯干着地。

撑：双手或者单手着地，躯干不能弯曲，用手和脚尖来支撑躯体的重量，以手为主。

5.动作表现形式术语

弹性：躯体的关节部分自然地弯曲和伸直。

力度：肢体运动所使用的力。

节奏：肢体动作按一定的规律出现。

幅度：肢体动作的舒展程度。

风格：肢体动作所展现的艺术特点。

激情：人们运动时内心的兴奋程度。

6.动作强度术语

动作强度主要看人们在运动时脚掌所受到的反作用力的大小。

冲击力：人体的运动是在力的作用下产生的，当肢体悬空自上而下运动并与地面接触时，身体会对地面有一个作用力，因为力是相互的，同样地面也会对人体有一个作用力，这个力就是冲击力。

无冲击力动作：虽然肢体与地面接触，但是并未离开地面，也未给地面除重力之外的其他力，这样的动作就被看作是无冲击力动作，如半蹲、弓步等。

低冲击力动作：人体两只脚中有一只脚始终与地面接触，虽然对地面有一定的冲击，但是力度非常小。

高冲击力动作：人体的双脚全部离开地面，然后落向地面，这种动作就是高冲击力动作，如跳跃动作。

三、大众健美操教学术语的运用与动作术语记写方法

（一）大众健美操教学术语的运用

1. 运用术语描述大众健美操动作

动作部位：头、肩、臂、手、胸、腰、髋、腿、膝、脚等。

动作方向：运动方向及路线（包括基本方向、中间方向、斜方向和动作所经过的路线等）。

动作形式：人们运动时所做的一些动作的类别。

动作结束：某个动作想要达到的效果和姿势。

以上动作术语都是比较重要的术语。

2. 运用术语描述身体动作的一般规律

静止状态：应指明支撑条件和身体姿态。

转体动作：应指明支撑部位、转体方向、转体度数和身体姿态。

跳跃动作：应指出跳跃类别和空中姿势。

移动动作：应指出采用的步法名称、路线和移动距离。

躯干弯曲动作：应指明动作部位、运动方向、经过的路线、运动面和运动幅度。

（二）大众健美操教学动作术语的构成及记写方法

1. 大众健美操动作术语的构成

学名：指的是健美操运动中比较规范、准确、统一的动作名称，这种名称一般经常出现在一些图书或者正式文件中。

命名：健美操作为一项体育运动，也有一些比较大型的国际比赛，在比赛中会出现一些之前没有出现的富有创新性的动作，此时一般会以运动员的名字或者运动员所在国家的名字对动作进行命名。此类术语目前在竞技性健美操中尚不多见，但随着技术的飞速发展，我们相信此类术语将增多，也会见到更多以我国运动员名字所命名的动作。

简称：把一个较繁、较长的名称简化成一种动作名称，如撕叉跳（交换腿跳）、两点俯卧撑（单臂单腿俯卧撑）、团跳 360°（团身跳转体 360° 或跳起 180° 团身再转 180°）。

俗称：指大众都能接受、听懂的一种动作名称，通常这种动作名称都已经固

定了，也有一些从其他项目移植过来的名称，如依柳辛、双飞燕、托马斯等。

图解：用图形、图像表示动作名称。

2. 大众健美操动作的记写要求

一般来说，健美操动作的记写是从第一个动作的预备姿势开始，之后按节拍逐个记写，如果后面有相同的动作则会省略。比如一组动作一共 8 拍，后四拍与前四拍相同，那么会省略后四拍，如果动作方向相反，则会标记"方向相反"。通常一拍中的单个动作也会有不同的记写方法，主要有两种。一种是徒手操描述方式，会详细记录四肢、躯干和头部的运动轨迹；另一种是按标准格式记写。

动作路线的记写：如果上肢和下肢运动时经过的路线非常短并且达到了最短的程度，那么一般会将路线术语省略。否则，则需要详细记录具体的线路。

动作方向的记写：动作方向以动作开始的方向为基准，对后续动作描述也是按照这一基准进行描述。

一些常见的动作或者人们熟知的动作可以省略。

（三）大众健美操教学成套动作的记写方法

1. 文字记写法

文字记写法通常用于编写书籍、专业教材等，是根据术语记写要求，详细、准确地写明具体动作和过程。这种方法较为复杂，但具有描述准确性高的特点，尤其是竞赛、考核、测验等的规定动作，为了力求统一、不产生误解，在记写时必须完全按照规范术语的要求。文字记写法通常和照片或动作插图一起使用，以达到直观、准确的目的。

2. 缩写法

缩写法一般在教师书写教案时使用，只用来介绍动作开始时的姿势和动作名称。通常来说，在健美操中，人体上肢的动作形式比较多样而且非常灵活，一般是用来配合脚步的步法。因此，缩写法中经常省略上肢动作，而比较关注步法，而且步法的记录也是非常简单的。缩写法中不同动作之间的连接一般用"+"来表示，这种表示方法非常简单明了，但是对动作细节没有详细的记录。

3. 绘图法

绘图法一般分为两种，一种是单线条简图法，另一种是双线条影像绘图法。相比较来说，双线条影像绘图法更加清晰直观，给人一种立体的感觉，但是这种方法对记录者的美术水平有一定的要求，而且还需要有一定的专业知识。因此，双线条影像绘图法一般在比较专业的教材中才会出现。单线条简图法相对来说就比较简单了，虽然不像双线条影像绘图法那样立体，但是这种方法比较方便、快捷，能够节省记录和编写教案的时间。

单线条简图法是在日常教学中应用最多的一种方法，因此本书将着重介绍单线条简图法的相关内容和注意事项。

顾名思义，单线条简图法指的是在动作记写中使用单个线条来描述人体动作和图像，以供人们了解具体的动作过程。虽然单线条简图法构图比较简单，但是能够明确展示人的外形特点。

人们肢体的活动范围是有限的，单线条简图法作为一种简单有效的记录方式完全能够记录不同的动作。因此，掌握单线条简图法是非常有必要的。

（1）人体运动的基本轴和基本面

人体的运动一般离不开轴和面，通常会涉及不同的轴和面。如图 3-1-2 所示，为人体运动基本轴和基本面。

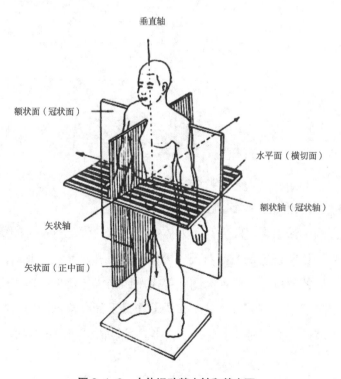

图 3-1-2　人体运动基本轴和基本面

（2）单线条人体图的解剖结构

根据人体结构，人体之所以能够做不同的动作是因为不同的关节在肌肉的带动下产生位移。通常人们将躯体分为五个比较大的部分，分别是头部、胸部、髋部、上肢和下肢；还有八个比较大的关节，分别是颈、腰、髋、膝、踝、肩、肘、腕。在人体运动中，五大部分和八大关节是主要的活动位置。通过这些位置的位移，人们可以呈现各种不同的动作，还能反应个体的动作风格。如图 3-1-3 所示，为单线条人体解剖图。

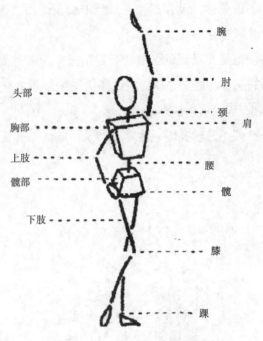

图 3-1-3　单线条人体解剖图

（3）单线条简图的人体比例及各部位的画法

当前人们的生活水平不断提高，人体的比例较古代也有一定的变化。从人体比例上看，人们比较理想的身高状况是整个身高是头高的 7.5~8 倍，当然身体其他部分也有不同的比例。单线条简图一般使用四格人体比例，即将运动员的动作在四个等宽的格子里绘制完成。其中，头部在最上面一格的中间，脖子以下到髋部占一格，下肢占两格，另外上肢占一格半。具体情况如图 3-1-4 所示。

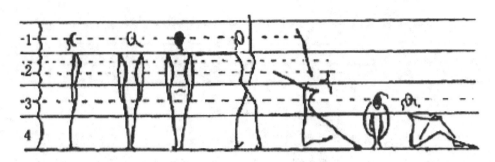

图 3-1-4 单线条四格人体比例

从图中可以看到，单线条简图在绘制过程中大多采用椭圆、半弧和不规则的曲线来绘制具体的动作变化。

①头部。头部根据头部不同方位的运动有不同的表示方法，具体如表 3-1-4 所示，虽然看似比较简单，但是需要一定时间的练习才能画得自然美观。在具体绘画过程中，绘制人员完成头部的绘制要一气呵成。

表 3-1-4 人体头部各方位形态

类型	正面	背面	侧面	半侧面
平视				
俯视				
仰视				

②躯干。躯干一般是用不规则的曲线来绘制，用一条或者两条线来表示，针对不同的方位呈现对称或者不对称的情况。躯干的绘制要注意不同部位的宽度比例问题。一般来说，双肩、腰部和髋部的比例是 3：1.5：2。另外，在绘制女性时，要通过曲线来表现女性的性别特点，不同的方位有不同的绘制方法，具体情况如图 3-1-5 所示。

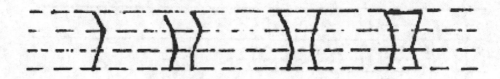

图 3-1-5　躯干变化

③下肢。人体腿部肌肉一般比较发达，因此在绘制下肢时要注意表现腿部的肌肉形态和脚部的方向。在平时的练习中，还要注意脚部的形态变化，使脚部与腿部肌肉的比例协调。另外，人在屈腿和不屈腿时的腿部肌肉和脚掌都会有不同的变化，具体情况如图 3-1-6 所示。

图 3-1-6　腿部变化

④上肢。上肢的线条比下肢要短很多，一般采用比较简单的曲线来表示上肢的变化。手掌的手势一般有三种，分别是拳、掌和分开的五指，具体如图 3-1-7 所示。

图 3-1-7　手型变化

（4）辅助线条和符号

为了能够更加清晰明了地表示具体动作，有时需要在具体的动作图中添加一些辅助符号。通常辅助符号用来表示动作的方向和具体的运动线路，但是辅助符号如果单独使用则失去了其应有的意义。因此，辅助线条和符号也是一种非常重要的标示（图 3-1-8）。

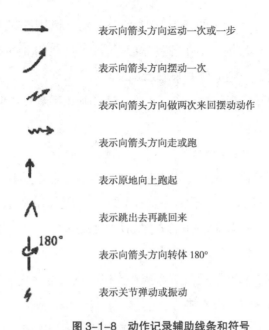

表示向箭头方向运动一次或一步

表示向箭头方向摆动一次

表示向箭头方向做两次来回摆动动作

表示向箭头方向走或跑

表示原地向上跑起

表示跳出去再跳回来

表示向箭头方向转体180°

表示关节弹动或振动

图 3-1-8 动作记录辅助线条和符号

（5）绘制单线条简图的基本步骤

上面已经详细介绍了一些线条的基本知识，但是具体的绘制还需要不断练习。在具体练习时，首先我们应当用心观察，有一双善于发现的眼睛，然后不断总结、思考，让不同的动作在自己脑海中有个大体的图形；其次，要注意分析每种动作的特点，将具体的动作转换为图纸上的线条；另外，图形不应当是死板的，应当达到能够传神的效果，也就是让线条看起来有生命力，这一点是非常重要的。总体来说，绘制过程可以分为五个步骤。

第一，准备一本带横格的本子，如果没有也可以自己制作。通常来说，一幅简图要占用六行横格。最下面一行通常用来标记节拍，最上面一行则是为了跳跃预留的空间。

第二，要合理配置不同的动作画面。简图就是以最简单形式准确表示动作的运动过程，因此要力求准确。对于一些不好用图画表达的动作可以添加辅助线条和符号。

第三，具体作画时，要找准下笔的具体位置，然后画出距离自己最近的线条，同时简单勾勒出人体的形态。

第四，线条虽然是平面的，但是要有一定的空间感，距离自己比较近的线条要稍微长一点，距离自己比较远的线条要稍微短一点。对于距离自己比较远的线条在交叉处还要断开，然后根据动作的具体形态合理地画出重心的位置，最后再画头部，但是一定要留出一定的位置来表示颈部。

第五，当人体的动作形态勾勒出来以后，再简单画出手掌和脚掌的具体状态，同时在动作的下方标出节拍。

（6）绘制单线条简图的注意事项

第一，对于初学者来说，最好使用铅笔来画图，这样能够及时做出修改。

第二，尽量使自己的线条流畅干净，一气呵成，这样能够让人看起来更加舒服。

第三，在画图过程中，如果动作的方向和角度发生改变了，要在图的右上角及时进行标记，同时标记好具体的角度。

第四，任何动作都有重心，而且重心应当在具体的支撑面内，这一点在画图时应当注意，避免让人感觉重心不协调。

第五，有的动作需要使用"连"和"断"来具体体现层次感。

4. 图文法

前面介绍了几种不同的记写方法，但是每种方法都有优缺点。缩写法过于简单，忽略了上肢动作；绘图法虽然看起来容易，但是需要一定的练习和绘图技巧，对于一些比较难表达的图像还需要仔细斟酌，而且只有图形没有具体的图形描述。因此，我们可以将两种不同的记写方法联合起来使用，使其互补。

图文法，顾名思义就是既使用图像又使用文字，在线条旁边用清晰、明确的文字来具体描述动作的形成过程，不但能够一目了然，而且看起来能够更加舒服。图文法的优点在于既能看清动作的具体变化又能有一定的文字解释，这一点是其他记写方法都没有的优势。因此，图文法是一种较好的记写方法。

第二节　大众健美操教学基本动作

大众健美操属于运动的一种，主要由人的身体来完成不同的动作，主要依靠的就是人的躯干和四肢。学习健美操首先要掌握基本技术、动作要领，然后进一步了解大众健美操套路的特点和风格，因此对大众健美操教学的提高是十分必要和重要的。

一、基本步法

（一）无冲击力步法

无冲击力步法具体指的是人体的双脚始终和地面接触，仅仅是为了支撑身体。身体重心在两脚之间，无腾空动作，主要包括并腿和分腿两大类。

1. 并腿类

此类动作两腿始终接触地面，并且两脚始终并拢，脚尖朝前。技术要点：膝关节要有弹性地屈伸，把握好弹动的技术。

（1）弹动（图3-2-1）

弹动可分为膝弹动和踝弹动。

①膝弹动

动作描述：两腿并拢，膝关节有弹性地屈伸。

技术要点：膝关节由弯曲到还原，还原时膝关节应处于微屈状态。

②踝弹动

动作描述：两腿伸直或屈膝，踝关节有弹性地屈伸。

技术要点：脚尖或脚跟抬起时，保持身体的稳定性和踝关节的弹性。

图 3-2-1　弹动

（2）提踵（图3-2-2）

动作描述：双脚的脚后跟抬起，然后脚跟落下时膝盖要微微弯曲。

技术要点：双腿要始终处于并拢的状态，重心上提时身体的腹部要紧绷，重心落下时用膝盖弯曲的方式来缓冲作用力。

动作变化：单脚提踵、双脚提踵。

图 3-2-2 提踵

2. 分腿类

此类动作是指两腿分开，膝关节有弹性地屈伸。技术要点：膝关节屈伸要有较好的弹性，重心移动要平稳自如。

（1）半蹲（图 3-2-3）

动作描述：双腿始终处于分开或者并拢的状态，然后用力量控制膝盖弯曲的程度，一般有两种方式，一种是并腿半蹲，另一种是分腿半蹲。

技术要点：如果练习分腿半蹲，那么双腿之间分开的距离要稍微大于双肩的距离，同时脚尖要稍微向外展开。半蹲时，膝关节的弯曲的角度要大于 90°，臀部向下移动 45°，同时上半身要一直保持竖直。

动作变化：并腿半蹲、迈步半蹲、迈步转体半蹲、小分腿半蹲、大分腿半蹲。

图 3-2-3 半蹲

（2）弓步（图 3-2-4）

动作描述：双腿按一前一后的姿势分开，上身保持直立，缓慢下蹲。

技术要点：保持重心在两脚之间，后腿的膝关节向下运动保持大腿与地面垂直。前腿顺着后腿的变化而弯曲，前腿的大腿和小腿的角度要大于90°。

动作变化：弓步一般有原地前后、左右、转体弓步，还有上步弓步、后撤弓步、向侧弓步。

图 3-2-4　弓步

（3）移动重心（图 3-2-5）

动作描述：两腿屈膝下蹲之后，身体向右侧移动重心，然后两腿伸直，右脚全脚掌着地，左腿脚尖点地；左脚全脚掌着地，右脚脚尖点地。

技术要点：身体重心的移动要保持平稳。

动作变化：左右移重心、前后移重心。

图 3-2-5　移动重心

（二）低冲击力步法

低冲击力步法是指在做动作时始终有一只脚接触地面，根据它的完成形式可以分为四类。

1.踏步类

踏步是人们比较熟悉的一种步法，具体动作使双脚依次抬起然后下落，在两脚下落时，膝关节和踝关节都会起到一定的缓冲作用。技术要点：始终有一只脚着地，膝盖朝正前方，同时注意膝关节和踝关节的缓冲作用。踏步过程中，上身也可以跟着动作变化有一定的起伏。

（1）踏步（图3-2-6）

动作描述：双腿按节奏依次抬起和落下，分为向前、后、左、右等不同方向。

技术要点：双脚落地时，首先是脚尖着地然后脚后跟顺势着地。腿部和脚部关节起到相应的缓冲作用，同时双臂自然地摆动。

动作变化：常用的踏步分为踏步转体、踏步分腿、踏步并腿、弹动踏步。

图 3-2-6　踏步

（2）走步

动作描述：踏步移动身体，迈步向前走时脚跟先落地，过渡到全脚掌；向后走时则相反。

技术要点：与踏步类似，双脚着地时，腿部和脚部关节有弹性地缓冲。

动作变化：走步一般有前、后、侧前、侧后、左右转体或者弧线等。

（3）一字步（图3-2-7）

动作描述：一字步指的就是双脚前后运动，其运动轨迹成一字。运动时，一只脚向前迈一步然后另一只脚顺势与前一只脚并齐，然后再依次回到原来的位置，形成"前前后后"。

技术要点：一只脚迈步时首先是脚跟着地，然后脚掌顺势着地。前后过程中都要有并腿动作，同时用腿部和脚部关节来缓冲。

动作变化：一般有前后一字步和转体一字步。

图 3-2-7　一字步

（4）V 字步（图 3-2-8）

动作描述：V 字步指的就是从双脚按字母 V 的形状运动，一只脚向前侧方迈一步，然后另一只脚向另一前侧方迈一步，使双腿分开然后膝盖稍微弯曲，然后双脚再依次回到原地。这种步法也被称作大字步。

技术要点：双脚的着地点应当在同一条与自己躯干所在的平面平行的直线上，然后两脚之间的距离要大于双肩的宽度，分开后成分腿半蹲，重心在两腿之间，然后依次收回，两膝自然弯曲，膝、踝关节始终保持弹动状态。

动作变化：倒 V 字步、转体 V 字步、跳跃 V 字步。

图 3-2-8　V 字步

（5）漫步（图 3-2-9）

动作描述：一种是一只脚先向前迈出，同时向前转移，然后另一只脚稍微抬起并且离地，之后在原地落下；另一种是一只脚向后撤一步，同时重心随之转移，然后另一只脚稍微抬起，之后再原地落下。

技术要点：两只脚的落地是交替进行的，同时身体的重心随着步法的变化而移动，但是始终保持在两脚之间。

动作变化：漫步一般有两种，一种是转体的漫步，另一种是跳跃的漫步。

图 3-2-9　漫步

（6）恰恰步

动作描述：一脚向前迈一步，后半拍另一只脚在前脚后方快速跟进一步或跳起并步，然后前脚再向前一步。

技术要点：在二拍节奏中，快速踏步三次。注意节奏的掌握，第一拍两动，第二拍一动。通常和漫步连用。

动作变化：向前、向后、向侧的恰恰步。

2. 迈步类

迈步类的动作就是双腿中的一条迈出一步，然后重心转移到迈出的腿上，同时另一条腿用脚跟或者脚尖着地，也可以吸腿或者踢腿等向另一个方向迈步。

技术要点：重心要随着双腿的移动随时变化。

（1）并步（图 3-2-10）

动作描述：双腿中的一条迈出，然后另一条顺势与之并拢，过程中有屈膝的动作，然后再向相反的方向迈步。

技术要点：一脚并于另一脚，重心要随之移动，双腿的膝关节要起到缓冲的作用，保持一定的弹性。

动作变化：并步一般有左右、前后、两侧和转体四种不同形式。

图 3-2-10　并步

（2）迈步点地（图 3-2-11）

动作描述：首先是双腿中的一条向侧面迈出一步，然后身体重心随着膝关节的弯曲而转移，另一条腿可以在前、后、侧等不同方向用脚跟或者脚尖着地。

技术要点：双膝要保持一定的弹性，上身不要随着腿的移动而扭转，身体重心的移动随着腿的移动呈弧形。

动作变化：主要有三种类型，第一种类型是左右迈步点地，第二种类型是前后迈步点地，第三种类型是迈步转体点地。

图 3-2-11　迈步点地

（3）迈步后屈腿（图 3-2-12）

动作描述：双腿中的一条迈出一步，然后另一条膝盖弯曲使小腿抬起，之后两腿交换动作，向相反的方向重复先前的动作。

技术要点：运动中有半蹲和屈膝动作，其中支撑的腿膝盖稍微弯曲，后屈腿的脚跟要尽量与臀部靠近。

动作变化：一般有三种类型，第一种类型是侧迈步后屈腿，第二种类型是前后移动后屈腿，第三种类型是转体后屈腿。

图 3-2-12　迈步后屈腿

（4）迈步吸腿（图 3-2-13）

动作描述：双腿中的一条先迈出一步，然后另一条腿屈膝并且向前抬起，之后双腿交换动作按相反的方向重复先前动作。

技术要点：运动中有屈膝和半蹲的动作，动作还原时支撑腿可以稍为弯曲。

动作变化：一般有四种类型，第一种类型是向前迈步吸腿，第二种类型是向侧迈步吸腿，第三种类型是向侧前迈步吸腿，第四种类型是转体吸腿。

图 3-2-13　迈步吸腿

（5）侧交叉步（图 3-2-14）

动作描述：双腿中的一条向侧面迈出一步，然后另外一条腿在后面与之交叉，然后先前的一条腿再向侧面迈出一步，之后两腿并拢。

技术要点：迈出第一步时身体的重心要随之转移，运动过程中腿部和脚部关节要起到缓冲的作用，保持一定的弹性。

动作变化：主要有两种类型，第一种类型是左右交叉步，第二种类型是转体交叉步。

图 3-2-14　侧交叉步

3. 点地类

点地类的动作要保持膝盖弹性有力，双腿要求一条伸直，一条弯曲。技术要点：运动过程中，膝盖承受的力量比较大，因此膝盖要有一定的力度。虽然要求双腿中的一条伸直，但是不可过于用力，可以使膝盖保持一定程度的弯曲，这样更有健美操的特点。

（1）脚尖点地（图 3-2-15）

动作描述：双腿中一条腿的膝盖微屈站立，另一条则用脚尖点地，然后双腿并拢，保持直立。

技术要点：用来支撑身体重力的腿的膝盖要保持一定程度的弯曲，同时随着动作的变化屈伸，使动作看起来有弹性。

动作变化：主要有三种类型，第一种类型是脚尖前点地，第二种类型是脚尖侧点地，第三种类型是脚尖后点地。

图 3-2-15　脚尖点地

（2）脚跟点地（图 3-2-16）

动作描述：双腿中的一条腿的膝盖稍微弯曲，另一条腿向前或者向后伸出，然后用脚跟着地，之后双腿并拢。

技术要点：用来支撑身体重量的腿的膝盖要保持相应的弯曲，并使身体保持直立，并且要有一定节奏的屈伸，使动作显得富有弹性。

动作变化：主要有两种不同的类型，第一种类型是脚跟前点地，第二种类型是脚跟侧点地。

图 3-2-16　脚跟点地

4.抬腿类

抬腿就是身体保持直立，一条稍微弯曲，另一条腿向上抬起。技术要点：双腿中一条腿用来支撑身体的重量，另一条腿做不同形式的抬起动作，同时腰部挺直，收腹。

（1）吸腿（图 3-2-17）

动作描述：双腿中的一条腿用来维持身体站立，另一腿屈膝向上抬起，落下还原。

技术要点：躯干挺直。大腿抬直水平，小腿自然下垂，绷脚尖，上体保持直立。

动作变化：主要有四种不同的类型，第一种类型是向前吸腿，第二种类型是向侧吸腿，第三种类型是向侧前吸腿，第四种类型是转体吸腿。

图 3-2-17 吸腿

（2）踢腿（图 3-2-18）

动作描述：双腿中的一条腿用来维持身体站立，另一条腿则向上抬并快速踢出，之后回到原地。

技术要点：躯干挺直，用来支撑身体重量的脚要紧紧抓住地面，踢出腿的脚尖要紧绷。

动作变化：主要有两种不同的类型，第一种类型是前踢，第二种类型是侧踢。

图 3-2-18 踢腿

（3）摆腿（图 3-2-19）

动作描述：双腿中的一条腿用来维持身体站立，另一条腿则自然摆动，然后双腿并拢。

技术要点：做摆腿动作时，身体上半身可以顺势向不同方向倾斜。主力腿屈膝缓冲，摆动腿抬起时幅度不要过大且要有控制。

动作变化：主要有两种不同的类型，第一种类型是向前摆腿，第二种类型是向侧摆腿。

图 3-2-19　摆腿

（4）弹踢腿（图 3-2-20）

动作描述：双腿中的一条腿用来维持身体站立，另一条腿的小腿先向后弯曲然后再向下快速踢出，之后双腿并拢。这一动作类似足球中射门的动作。

技术要点：躯干挺直，运动时要控制好力度，尽量使双腿的膝盖靠拢，弹出的腿的脚尖要紧绷。

动作变化：主要有四种不同的类型，第一种类型是向前弹踢，第二种类型是向侧弹踢，第三种类型是转体弹踢，第四种类型是移动弹踢。

图 3-2-20　弹踢腿

（三）高冲击力步法

高冲击力步法是指有一瞬间两只脚同时离开地面，有腾空的动作。高冲击力步法是由低冲击力步法演变而来，可分为以下几类：

1.迈步起跳类

（1）并步跳（图3-2-21）

动作描述：一脚向前侧迈一步同时跳起，另一脚迅速并拢然后双脚落地。并步跳可以先迈左腿也可以先迈右腿，最终是双腿并拢同时落地。

技术要点：身体的重心要随着动作的进行而转移，同时双脚落地时腿部和脚部的关节要起到一定的缓冲作用。

动作变化：主要有三种不同的类型，第一种类型是向前并步跳，第二种类型是向后并步跳，第三种类型是向侧并步跳。

图 3-2-21　并步跳

（2）迈步吸腿跳（图3-2-22）

动作描述：向前迈出一条腿，然后顺势向上抬起，其中大腿与水平面平行，脚部可以放在另一条腿膝盖旁边，之后另一条腿跳起。

技术要点：躯干挺直，收腹。

动作变化：主要有两种不同的类型，第一种类型是向前迈步吸腿，第二种类型是向侧迈步吸腿。

图 3-2-22　迈步吸腿跳

（3）迈步后屈腿跳（图 3-2-23）

动作描述：一条腿侧迈一步，另一条腿向后屈膝，然后双腿跳起。

技术要点：在运动过程中，屈膝腿的脚尖要处于绷直的状态，落地时腿部和脚部关节要起到缓冲的作用。

动作变化：主要有两种不同的类型，第一种类型是向前迈步后屈腿，第二种类型是向侧迈步后屈腿。

图 3-2-23　迈步后屈腿跳

2. 双腿起跳类

双腿起跳指的就是双腿同时起跳，而且同时落地的动作，对跳的高度有一定的要求，落地时要注意缓冲。

（1）并腿跳（图 3-2-24）

动作描述：双腿处于并拢的状态，然后双膝同时弯曲跳起，之后两脚同时落地。

技术要点：双腿的力度要保持均匀，同时落地时要有一定的缓冲。

动作变化：主要有三种不同的类型，第一种类型是向前并腿跳，第二种类型是向后并腿跳，第三种类型是向侧并腿跳。

图 3-2-24　并腿跳

（2）开合跳（图 3-2-25）

动作描述：双腿并拢，然后同时起跳，落地时双腿分开，之后保持双腿分开的姿势跳起，最后双腿并拢落地。

技术要点：双腿分开姿势起跳时，脚尖方向要自然。双腿并拢落地时，应当脚跟首先着地。

动作变化：主要有两种不同的类型，第一种是原地开合跳，第二种是转体开合跳。

图 3-2-25　开合跳

（3）弓步跳（图 3-2-26）

动作描述：双腿并拢，然后同时起跳，之后双腿前后分开同时落地，紧接着再起跳，最后双腿并拢落地。

技术要点：两次落地都要让腿部和脚部关节起到缓冲的作用，第一次分腿落地时两脚的脚尖要朝正前方，同时落在一条直线上。

动作变化：主要有三种不同的类型，第一种类型是左右弓步跳，第二种类型是前后弓步跳，第三种类型是侧弓步跳。

图 3-2-26　弓步跳

（4）分腿跳（图 3-2-27）

动作描述：双腿自然分开站立，然后同时屈膝起跳，最后双腿分开落地。

技术要点：双腿屈膝时，应当是半蹲的姿势，大腿与小腿之间的角度应当大于 90°。

图 3-2-27　分腿跳

3. 单腿起跳类

单腿起跳指的是先抬起双腿中的一条，然后另一条腿跳起。

（1）吸腿跳（图3-2-28）

动作描述：双腿微屈膝，然后直立，之后一腿屈膝向上抬起，然后再落下还原，同时另一条腿向上跳起。

技术要点：躯干挺直，用来支撑身体重量的腿的膝盖要有一定程度的弯曲，抬起的腿的大腿要抬到与水平面平行的程度。

动作变化：主要有四种不同的动作类型，第一种类型是向前吸腿跳，第二种动作是向侧吸腿跳，第三种动作是向前侧吸腿跳，第四种动作是转体吸腿跳。

图 3-2-28　吸腿跳

（2）屈腿跳（图3-2-29）

动作描述：双腿中的一条腿向后屈膝，然后另一条腿起跳，之后双腿并拢后双脚同时着地。

技术要点：运动过程中双膝要保持并拢的状态，支撑腿腰的膝关节始终要有弹性，抬起腿的脚后跟要尽量与臀部靠近，落地时要使用腿部和脚部的关节来缓冲。

动作变化：主要有两种不同的动作类型，第一种类型是左右依次后屈腿跳，第二种类型是转体后屈腿跳。

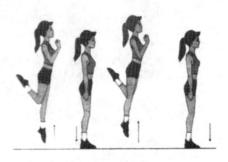

图 3-2-29　屈腿跳

（3）弹踢腿跳

动作描述：双腿同时跳起，落地时则是单腿落地支撑身体，一条腿经屈膝后向前下方弹直，同时支撑腿跳起。

技术要点：躯干挺直，弹踢腿的脚尖要保持绷直的状态。

动作变化：主要有四种不同的动作类型，第一种类型是向前弹踢腿跳，第二种类型是向侧弹踢腿跳，第三种类型是转体弹踢腿跳，第四种类型是移动弹踢腿跳。

（4）摆腿跳

动作描述：一条腿自然摆动，另一条腿向上跳起，落地时两腿屈膝缓冲。

技术要点：保持上体正直，用来支撑身体重量的腿的屈膝程度要始终保持，另外，摆腿动作幅度要适宜。

动作变化：主要有两种不同的动作类型，第一种是向前摆腿跳，第二种是向侧摆腿跳。

4.跑步类

跑步类的动作指的是运动过程中双腿悬空，然后双脚依次落地，同时双臂要屈轴顺势摆动，落地时尽量使脚跟先着地。

（1）后踢腿跑（图3-2-30）

动作描述：双腿依次弹起悬空，然后一只脚落地，同时另一条腿的小腿后屈，之后落地，然后最先落地的腿的小腿再后屈，再落地，如此往复。在双腿运动之时，双臂也要顺势摆动。

技术要点：腿部和脚部的关节要有弹性，脚部落地时应当然前脚掌先着地。

动作变化：主要有五种不同的动作类型，第一种类型是原地跑，第二种类型是向前跑，第三种类型是向后跑，第四种类型是弧线跑，第五种类型是转体跑。

图3-2-30 后踢腿跑

（2）小马跳（图 3-2-31）

动作描述：一脚向侧小跳一次，另一脚随之并上垫步跳一次。然后以相同的动作反向运动，这种跳也被称作点跳。

技术要点：双脚轻微用力，同时身体的重心也应当在一个平稳的状态下移动，使用脚部和腿部关节来缓冲。

动作变化：主要有五种不同的动作类型，第一种类型是原地小马跳，第二种类型是向前小马跳，第三种类型是向侧小马跳，第四种类型是向后小马跳，第五种类型是转体小马跳。

图 3-2-31　小马跳

二、上肢动作

健美操上肢基本动作包括基本手型和常用上肢动作，它既能使动作变化多样又可改变动作的强度和难度，提高动作的观赏性。

（一）基本手型

大众健美操的手型与很多舞蹈、武术的手部动作有很大的相似之处。合理地使用手型能够增强健美操的感染力，使大众健美操更受人们的喜爱。常见的基本手型如图 3-2-32 所示。

（1）拳型

四长指并拢握拳，拇指在外紧贴于食指和中指的第二关节处。拳型包括实心拳和空心拳。

（2）掌型

开掌：五指用力伸直，充分张开。

并掌：五指伸直并拢，大拇指微屈，指关节贴于食指旁。

拳型　　　　开掌　　　　并掌

图 3-2-32　基本手型

（3）其他手型（图 3-2-33）

响指：拇指与中指摩擦，与食指打响，无名指、小指屈指。

V 指：食指、中指伸直分开，其余三指相叠。

西班牙舞手型：五指分开，小指伸直向掌心回弯到最大限度，同时拇指稍微有些内扣，而无名指、中指和食指则处于伸直的状态。

芭蕾舞手型：五指稍微弯曲，其中小指、无名指和中指并在一起，拇指稍微向内。

剑指：食指、中指并拢伸直，其余三指相叠。

响指　　　　V 指　　　　西班牙舞手形　　　芭蕾舞手形　　　剑指

图 3-2-33　其他手型

（二）常用上肢动作

上肢（手臂）动作：举、屈、伸、摆、绕、绕环、振、旋、屈臂摆动、上提、下拉、胸前推、冲拳、肩上推、交叉。

（1）举（图 3-2-34）

保持双臂伸直，以肩作为运动的轴心，双臂自然地沿轴心运动的动作叫作举。举包括不同的动作类型，按肢体分有单臂举、双臂举两种；按方向分有前举、后举、侧举、侧上举、侧下举、上举等。

图 3-2-34　举（上肢）

（2）屈（图 3-2-25）

人体各部位的关节弯曲成一定的角度，这种动作就叫屈。屈有不同的类型，如胸前平屈、腰间屈、头后屈等。

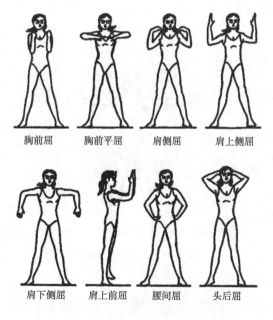

图 3-2-35　屈（上肢）

（3）摆（图 3-2-36）

以肩关节为轴，单臂和双臂同时或依次向前、后、左、右做 180° 以下的弧形运动的动作。

图 3-2-36　摆（上肢）

（4）绕（图 3-2-37）

以肩关节为轴，双臂或单臂向内、外、前、后做 180° 以上、360° 以下的弧形运动的动作。

图 3-2-37　绕（上肢）

（5）绕环（图 3-2-38）

以肩关节为轴，双臂或单臂向前、向后、向内做大于 360° 以上的弧形运动的动作。

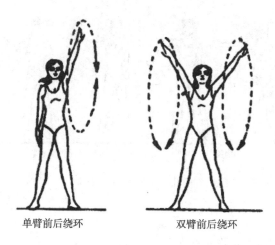

单臂前后绕环   双臂前后绕环

图 3-2-38 绕环（上肢）

（6）振（图 3-2-39）

手臂伸直，以肩作为运动的轴心，然后以最大的幅度摆动手臂。振也有不同的类型。

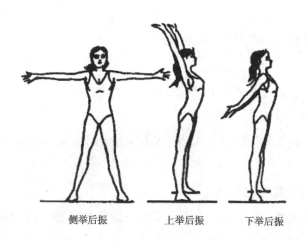

侧举后振   上举后振   下举后振

图 3-2-39 振（上肢）

（7）旋（图 3-2-40）

以肩或肘为轴做臂的旋内或旋外的动作。

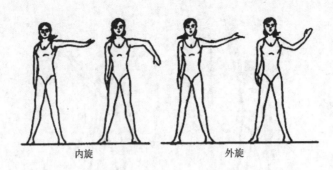

内旋　　　　　　　　　外旋

图 3-2-40　旋（上肢）

（8）推

手掌由肩侧同时或依次推至某位置的动作。

（9）伸

关节角度增大的动作。

（10）低摆

屈肘，在体侧自然地摆动，可同时摆动或依次摆动。

（11）上提

屈臂或直臂由下举提至胸前或体侧的动作。

（12）下拉

屈臂或直臂，由上举或侧上举拉至胸前或体侧的动作。

（13）冲拳

屈臂握拳，由腰间同时或依次冲至某位置的动作，如向前冲拳、向上冲拳。

（14）交叉

两臂重叠成 X 形的动作。

要求：做臂的举、屈、伸时，肩要下沉。做臂的摆动时，起与落要保持弧形，上体保持正直，位置准确，幅度要大，力达身体最远端。

（三）躯干部位基本动作

1. 头颈部动作

（1）屈（图 3-2-41）

头颈关节角度的弯曲，包括前、后、左、右屈。

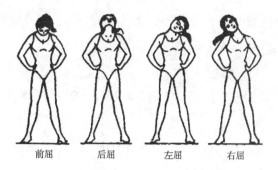

前屈　　后屈　　左屈　　右屈

图 3-2-41　屈（头颈）

（2）转（图 3-2-42）

头颈部绕身体垂直轴的转动，包括左、右转。

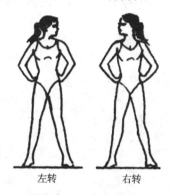

左转　　右转

图 3-2-42　转（头颈）

（3）绕和绕环（图 3-2-43）

头以颈为轴心的弧形和圆周运动，包括左、右绕，左、右绕环。

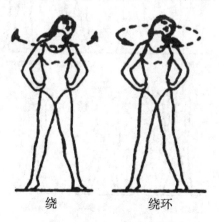

绕　　绕环

图 3-2-43　绕和绕环（头颈）

要求：做各种形式的头颈动作时，上体保持正直，速度要慢，头颈移动的方向要准确，颈部被动肌群充分伸展。

2.肩部动作

肩部动作包括：提肩、沉肩、绕肩、肩绕环、振肩。（图3-2-44）

（1）提肩

肩胛骨做向上的运动，包括单肩、双肩的同时提和依次提。

（2）沉肩

肩胛骨做向下的运动，包括单肩、双肩的同时沉和依次沉。

（3）绕肩

以肩关节为轴做小于360°的弧形运动。包括单肩前、后绕，双肩同时或依次前、后绕。

（4）肩绕环

以肩关节为轴做360°及360°以上的圆形运动，包括单肩向前、后绕环，双肩同时或依次前、后绕环。

（5）振肩

指固定上体，肩急速向前、向后的摆动。包括双肩同时前、后振和依次前、后振。

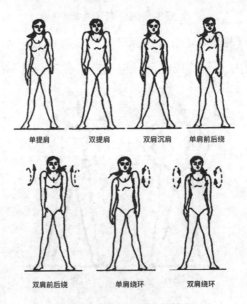

图 3-2-44 肩部动作

　　要求：提肩时尽力向上，沉肩时尽力向下，动作幅度大而有力。绕肩时上体不能摆动，两臂放松，头颈不能前探，动作连贯，速度均匀，幅度大。振肩动作要有速度、力度和弹性。

　　3.胸部动作

　　胸部动作包括：含胸、展胸、移胸。（图3-2-45）

　　（1）含胸

　　两肩内合，缩小胸腔。

　　（2）展胸

　　两肩外展，扩大胸腔。

　　（3）移胸

　　髋部固定，做胸部向左、右的水平移动。

　　要求：练习时，收腹、立腰。含、展、移胸要达到最大极限。

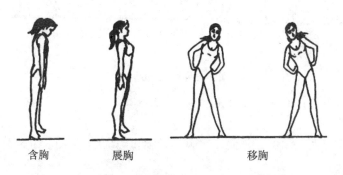

含胸　　　　展胸　　　　　　　移胸

图3-2-45　胸部动作

　　4.腰部动作

　　腰部动作包括：屈、转、绕和绕环。（图3-2-46）

　　（1）屈

　　下肢固定，上体沿矢状轴和水平轴的运动，包括前、后、左、右屈。

　　（2）转

　　下肢固定，上体沿垂直轴的扭转，包括左、右转。

　　（3）绕和绕环

　　下肢固定，上体沿垂直轴做弧形和圆形运动，包括左、右绕，左、右绕环。

　　要求：练习时，身体远端尽力向外延伸，绕环幅度要大，充分连贯，速度放慢。腰前屈，绕环时上体直立。

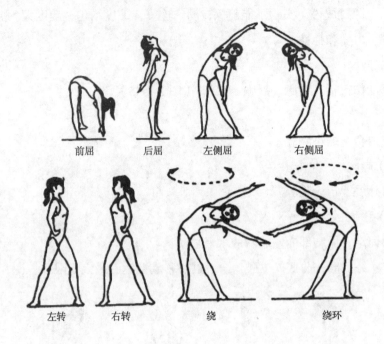

图 3-2-46　腰部动作

5. 髋部动作

髋部动作包括：顶髋、提髋、摆髋、绕髋和髋绕环。（图 3-2-47）

（1）顶髋

髋关节做急速的水平移动，包括前、后、左、右顶髋。

（2）提髋

髋关节做急速向一侧上提的动作，包括左、右提髋。

（3）摆髋

髋关节做钟摆式的连续移动动作，包括左、右侧摆和前、后摆。

（4）绕髋和髋绕环

髋关节做弧形、圆形运动，包括左、右绕，左、右绕环。

要求：髋关节做顶、提、绕和绕环时，应平稳、柔和、协调，稍带弹性，上体要放松。

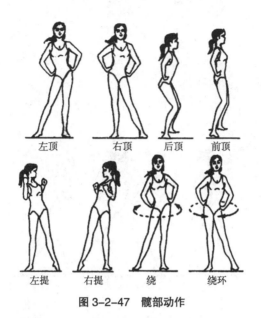

左顶　　右顶　　后顶　　前顶

左提　　右提　　绕　　绕环

图 3-2-47　髋部动作

三、下肢基本动作

（一）站立

站立动作包括：直立、开立、提踵立、点地立（包括侧点立、前点立、后点立）等。（图 3-2-48）

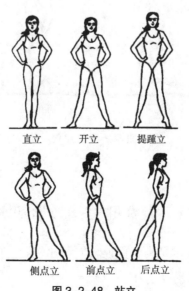

直立　　开立　　提踵立

侧点立　　前点立　　后点立

图 3-2-48　站立

（二）弓步

弓步指一条腿向某方向迈出一步，膝关节弯曲，另一条腿伸直，包括左、右腿的前、侧、后弓步。（图3-2-49）

要求：弓步时，前弓步和侧弓步的重心在两腿之间，后弓步的重心在后腿。

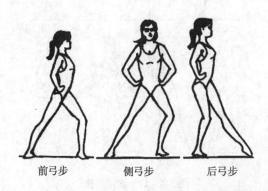

前弓步　　　　　侧弓步　　　　　后弓步

图3-2-49　弓步

（三）跪立

跪立指大腿与小腿成直角的跪姿，包括双腿跪立、单腿跪立。（图3-2-50）

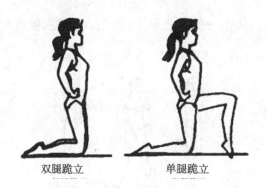

双腿跪立　　　　　　　单腿跪立

图3-2-50　跪立

第三节　大众健美操教学基本技术

大众健美操的基本技术是为了保证人们在比较安全的环境下运动，使人们既享受到运动的快乐又不容易受伤。

一、弹动技术

弹动是大众健美操的一大特点，使大众健美操的动作带有运动感和节奏感。人体不同部位的关节对人的运动有很大的缓冲作用，能够减少地面对人体产生的冲击力。弹动主要利用的就是人体的各个关节，使大众健美操的各种动作显得更加自然、优美，这也是大众健美操的基础。

二、落地缓冲的技术

落地缓冲能够使人在落地时更加平稳，避免地面冲击力对身体造成伤害。脚掌缓冲一般是落地时从脚掌过渡到脚跟或者是从脚跟过渡到脚掌。屈膝和屈髋也是非常重要的落地缓冲方式。落地缓冲还能够使人的身体保持平衡。

三、身体控制技术

正确的大众健美操姿势应当是昂首挺胸，给人一种积极向上的感觉。这种姿势能够使人体躯干保持一种正常的曲线，同时腹部、腰部和背部肌肉也能够保持适当的紧张状态。总的来说，大众健美操要求人的身体松弛有度。

四、半蹲技术

当人们做半蹲动作时，身体的重心会随着动作的进行而下降。同时，半蹲动作也能够使人体躯干和腿部肌肉保持一定的收缩。半蹲一般要求大腿和小腿的角度大于90°，臀部向后下方移动45°，脚尖方向应当与膝关节的弯曲方向在同一平面。另外，半蹲时身体的重心应当在两腿之间。

五、平衡与重心移动技术

任何运动对人体平衡的要求都是非常重要的，大众健美操同样如此。平衡是影响人体运动安全的重要因素，但是在运动过程中，人体的重心会随着动作的变化而移动，这就要求人们要想做到平衡就要熟练把握身体的重心。大众健美操运动中常用的控制平衡的方法有三种。

（一）增大支撑面积

增大支撑面积主要靠的是人体的四肢。举个很简单的例子，人体在使用双腿站立时比单腿站立时更加稳定，另外如果将双腿分开又比双腿并拢时更加稳定。

（二）降低重心

重心越高，人体越不稳定。比如，半蹲时重心会下降，这时就比直立时更加稳定。因此，在运动过程中要尽量降低身体的重心。

（三）重心偏离的稳定

运动时，人体的动作是经常变化的，这就导致重心随时有可能会偏离。但是，人体具有非常完善的"补充"系统，而人的肢体就是系统重要的组成部分。因此，应当合理使用人的肢体来调节重心偏离的情况。

第四章　大众健美操教学的成套动作

大众健美操成套动作的练习，不但能够增强人们的身体素质，还可以提高人们的健康水平。本章为大众健美操教学的成套动作，分别从少儿组成套动作、青年组成套动作、中老年组成套动作进行阐述。

第一节　少儿组成套动作

由于少年儿童年龄较小、知识经验不足等，所以在为其创作编排大众健美操时，应该注意做到以下几点，即动作要简单、活泼、新颖，选择趣味性强的易于模仿的动作，要能够吸引少儿的兴趣；练习形式要多样，与孩子们活泼好动的特点相适应；节数要适当，要符合当前儿童的生理特点；成套练习时，其活动部位要全面，能够全面发展儿童的身体，提高内脏器官的负荷能力；选择幅度较大的伸展动作，促进生长发育；选择不对称动作，培养少儿协调与反应能力；等等。通过健美操的成套练习，促进身体健康，增强关节活动力量，使之保持旺盛精力，对其身心健康发展具有重大意义。

一、少儿韵律健美操

预备姿势：开立。

（一）头颈运动

1. 第一个八拍（图 4-1-1）

第一拍至第二拍：左脚抬起，进行两次原地踏步，同一时间，两手在身体前面进行两次击掌，头前屈两次，此时保持收腹立腰的姿态。

第三拍至第四拍：左脚抬起，进行两次原地踏步，同一时间，两手转移到身体后面进行两次击掌，头后屈两次，此时保持挺胸、收腹、立腰的状态。

第五拍至第六拍：与第一拍至第二拍相同。

第七拍至第八拍：与第三拍至第四拍相同。

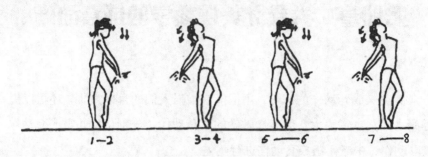

图 4-1-1 第一个八拍

2. 第二个八拍（图 4-1-2）

第一拍至第二拍：右脚向后迈一步，与左脚交叉，在此同时头部向右屈，两臂放于体侧。

第三拍至第四拍：右脚在左脚侧点地，头还原正中位，两臂放于体侧。

第五拍至第六拍：此时左脚向后迈一步，与右脚交叉，同时头部向左屈，两臂放于体侧。

第七拍至第八拍：左脚在右脚侧点地，头还原正中位，两臂放于体侧。

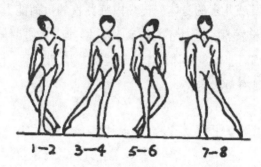

图 4-1-2 第二个八拍

3. 第三个八拍（图 4-1-3）

第一拍：收起左腿，此时两腿呈半蹲状态，头部向左旋转90°，两臂放于体侧。

第二拍：两腿直立起来，头还原正中位，两臂放于体侧。

第三拍：同第一拍，但运动方向与之相反。

第四拍：同第二拍。

第五拍至第六拍：两腿保持直立状态，头部由右向左划出一个弧度。

第七拍至第八拍：同第五拍至第六拍，但运动方向与之相反。

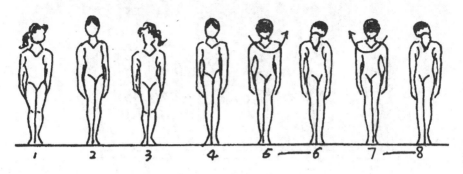

图 4-1-3　第三个八拍

4. 第四个八拍（图 4-1-4）

第一拍至第四拍：两手向上叉腰，同时头部由左经后向右绕环一周。

第五拍至第八拍：同样两手向上叉腰，此时头由右经后向左绕环一周。

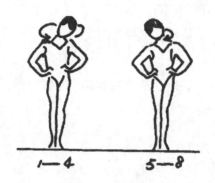

图 4-1-4　第四个八拍

（二）上肢运动

1. 第一个八拍（图 4-1-5）

第一拍：两腿呈举蹲的状态，右臂体侧平屈，左臂侧平举，躯干自觉保持收腹立腰，抬头挺胸。

第二拍：身体保持直立状态，两臂放于体侧。

第三拍：同第一拍，但运动方向与之相反。

第四拍：同第二拍。

第五拍至第八拍：两腿始终保持直立状态，两臂向内交叉绕环一周于身体
两侧。

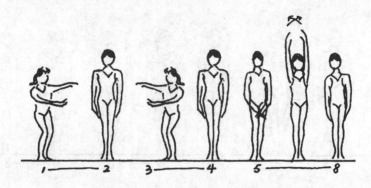

图4-1-5 第一八拍

2. 第二个八拍（图4-1-6）

第一拍：双腿保持直立的姿态，上体向左旋转90°，两臂保持侧举，掌心向
下，五指并拢。

第二拍：身体还原成直立状态。

第三拍：同第一拍，但运动方向与之相反。

第四拍：同第二拍。

第五拍至第八拍：双腿始终保持直立状态，左臂向后，右臂向前同时在身体
两侧前后大绕环一周。

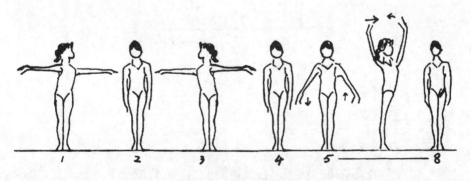

图4-1-6 第二个八拍

3. 第三个八拍（图4-1-7）

第一拍：右脚保持不动，左脚开始进行原地踏步，左臂肩上屈，五指分开，
掌心向前。

第二拍：同第一拍，但运动方向与之相反，右臂肩上屈。

第三拍：同第一拍，但有些微不同，右臂肩上屈，左臂上举，五指分开，掌心向前。

第四拍：同第三拍，但运动方向与之相反，双臂上举。

第五拍：同第一拍，但有些微不同，右臂上举，左臂做侧平举的动作，然后五指分开，掌心向前。

第六拍：同第五拍，但运动方向与之相反，双臂侧平举。

第七拍：同第一拍，但有些微不同，右臂侧平举，左臂在身体侧面，其掌心是向后的。

第八拍：身体恢复成直立状态。

图4-1-7　第三个八拍

4. 第四个八拍（图4-1-8）

第一拍：双腿保持半蹲状态，左臂进行左斜上举，右臂右斜下举，五指并拢，掌心向下。

第二拍：身体恢复成直立状态，两臂放于身体两侧。

第三拍：同第一拍，但运动方向与之相反。

第四拍：同第二拍。

第五拍：双腿呈半蹲状态，两臂同时向前摆至斜上举。

第六拍：同第二拍。

第七拍：同第五拍，但两臂向后摆至斜下举。

第八拍：同第二拍。

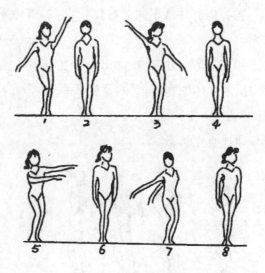

图 4-1-8　第四个八拍

（三）肩部运动

1. 第一个八拍（图 4-1-9）

第一拍至第二拍：此时左脚向左侧点地，左肩向上提起，两臂放于身体两侧。

第三拍至第四拍：同第一拍至第二拍，但运动方向与之相反。

第五拍至第六拍：双腿保持半蹲的状态，同时两肩向后绕环一周。

第七拍至第八拍：双腿改换为直立状态，同时两肩向前绕环一周。

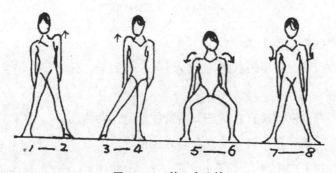

图 4-1-9　第一个八拍

2. 第二个八拍（图 4-1-10）

第一拍至第二拍：此时双腿保持直立的状态，然后双手叉腰，左肩向后平移，右肩向前平移，收腹立腰，挺胸抬头。

第三拍至第四拍：同第一拍至第二拍，但运动方向与之相反。

第五拍至第八拍：同第一拍至第四拍。

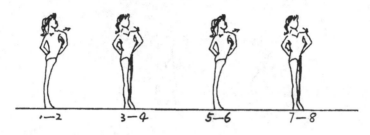

图 4-1-10　第二个八拍

3. 第三个八拍

同第一个八拍。

4. 第四个八拍（图 4-1-11）

第一拍至第二拍：双腿向下保持平蹲状态，两臂进行侧平举，右肩向前顶肩，并且保持臂内旋状态，左肩向后顶肩，并且臂始终向外旋，双手五指并拢。

第三拍至第四拍：同第一拍至第二拍，但是此时的状态为两腿直立。

第五拍至第六拍：同第一拍至第二拍。

第七拍至第八拍：同第三拍至第四拍。

图 4-1-11　第四个八拍

（四）胸部运动

1. 第一个八拍（图 4-1-12）

第一拍至第二拍：此时双腿保持半蹲的状态，在胸前两臂做出交叉的动作，并且低头含胸。

第三拍至第四拍：此时双腿恢复成直立状态，然后两臂向侧打开成侧平举，五指分开，掌心向后。

第五拍至第六拍：同第一拍至第二拍。

第七拍至第八拍：第七拍时两腿恢复直立状态，两臂向前打开成斜上举，五指分开，掌心向前；第八拍时整个身体成为直立状态。

图 4-1-12　第一个八拍

2. 第二个八拍（图 4-1-13）

第一拍至第二拍：左脚向上抬起，然后开始滚动步两次，与此同时两臂向前摆至前平举，五指分开，掌心向下，低头含胸。

第三拍至第四拍：右脚向上抬起，然后做滚动步一次，两臂用力向后摆至斜下举，五指分开，掌心向后，抬头挺胸。

第五拍至第六拍：同第一拍至第二拍。

第七拍至第八拍：同第三拍至第四拍。

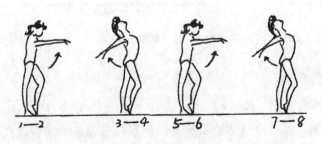

图 4-1-13　第二个八拍

3. 第三个八拍（图 4-1-14）

第一拍至第二拍：开始两腿是屈着的，随后两腿逐渐伸直，然后低头含胸，两臂由体侧前摆成上举，五指并拢，掌心相对。

第三拍至第四拍：此时身体向下保持半蹲的状态，挺胸抬头，两臂的动作也发生了改变，由上举状态向两侧打开成侧平举，五指并拢，掌心向下。

第五拍至第六拍：左腿向前迈出一步成左弓步。左臂向左做单臂小波浪。

第七拍至第八拍：同第五拍至第六拍，但运动方向与之相反；第八拍两腿恢复成直立状态。

图 4-1-14　第三个八拍

4. 第四个八拍（图 4-1-15）

第一拍至第二拍：此时双腿向下呈现出半蹲状态，左臂弯曲向上，往头上举，右臂放于身体侧面，抬头挺胸，握拳，拳心向下。

第三拍至第四拍：同第一拍至第二拍，但运动方向与之相反。

第五拍至第六拍：两腿直立，双臂斜上举，保持抬头挺胸，收腹立腰，五指并拢，掌心向下。

第七拍至第八拍：还原成直立状态。

图 4-1-15　第四个八拍

（五）腰部运动

1. 第一个八拍（图 4-1-16）

第一拍至第二拍：左腿与右腿开始进行原地踏步一次，与此同时，双手抬起，在左肩与右肩前各击掌一次，同时头部左右摆一次。

第三拍至第四拍：左腿侧轻轻向上抬起伸脚跟触地，上体左侧屈，两臂都向上举，最终形成左臂左侧下举，右臂右侧上举的状态，保持五指分开，掌心向下。

第五拍至第六拍：双腿开立，向左侧挺送髋，上体右侧屈，两臂肩上稍屈，五指分开，掌心向前。

第七拍至第八拍：向右侧挺送髋，上体左侧屈，两臂用力伸至左侧上举，五指分开，掌心向前。

图 4-1-16　第一个八拍

2. 第二个八拍

同第一个八拍，但运动方向与之相反。

3. 第三个八拍（图 4-1-17）

第一拍至第二拍：双臂由右侧向上绕至左侧上举，始终保持着五指并拢，掌心向前。

第三拍至第四拍：上体向左旋转 90° 然后前屈，两腿始终保持伸直的状态，双臂用力向下伸，双手始终保持着五指并拢，掌心向下。

第五拍至第八拍：同第一拍至第四拍，但方向与之相反。

图4-1-17　第三个八拍

4. 第四个八拍（图4-1-18）

第一拍至第二拍：双腿始终保持半蹲的状态，上体向左旋转90°，同时两臂向左侧摆至左臂侧举，右臂前举，双手始终保持着五指并拢，掌心向下。

第三拍至第四拍：双腿向上立起，还原之前的开立姿态。

第五拍至第八拍：同第一拍至第四拍，但运动方向与之相反。

图4-1-18　第四个八拍

（六）腿部运动

1. 第一个八拍（图4-1-19）

第一拍：右腿保持直立状态不动，左腿向前屈并高高抬起，与此同时，双拳紧握，两臂向上举起又落下直至停到肩侧屈，双手拳心相对。

第二拍：右腿仍然不动，左腿向下伸直，使其脚尖轻轻点地，同时双手握拳，两臂伸直，然后直直地向上举，越过头顶，此时状态仍然是双手拳心相对。

第三拍：右腿保持直立状态，左腿直膝向前踢，始终保持两臂侧举的状态，五指并拢，掌心向下。

第四拍：左腿落下保持站立姿态不变，然后双臂直直地向上举起，越过头顶，双手握拳，拳心相对。

第五拍至第八拍：同第一拍至第四拍，但运动方向与之相反，此时交换腿开始进行练习。

图 4-1-19　第一个八拍

2. 第二个八拍（图 4-1-20）

第一拍：此时右腿保持直立状态，左腿则是侧屈高抬，与此同时，双拳紧握，两臂向上举起又落下直至停到肩侧屈，双手拳心相对。

第二拍：右腿仍然不动，左腿向下伸直，使其脚尖轻轻点地，同时双手握拳，两臂伸直，然后直直地向上举，越过头顶，此时状态仍然是双手拳心相对。

第三拍：右腿保持直立状态，左腿直膝向前踢，始终保持两臂侧举的状态，拳心向下。

第四拍：同第二拍。

第五拍至第八拍：同第一拍至第四拍，但运动方向改变，此时换右腿开始进行练习。

图 4-1-20　第二个八拍

3. 第三个八拍（图 4-1-21）

第一拍至第二拍：左腿进行屈膝侧踢，右腿始终保持着直撑不动的状态，两臂肩侧上屈，在运动过程中双手始终保持五指分开、掌心向前的状态，手掌向左侧摆动，上体稍稍向左侧屈，头部向左屈。

第三拍至第四拍：同第一拍至第二拍。

第五拍至第八拍：两脚开始进行踏步，并且在踏步过程中，身体整个向左转体 360°，保持两臂叉腰状态。

图 4-1-21　第三个八拍

4. 第四个八拍

同第三个八拍，但运动方向是相反的，在运动时注意。

（七）跳跃运动

1. 第一个八拍（图 4-1-22）

第一拍至第二拍：小跳之后，左腿成侧伸状态且脚尖触地，右腿呈现出半蹲的状态，左臂向下，左手五指分开，掌心向前，右臂肩侧屈，右手扶住头的后部，上体左侧屈。

第三拍至第四拍：两腿呈现出直立状态，然后进行一次小跳。

第五拍至第六拍：同第一拍至第二拍，但运动方向与之相反。

第七拍至第八拍：同第三拍至第四拍。

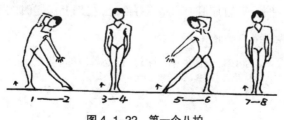

图 4-1-22　第一个八拍

2. 第二个八拍（图 4-1-23）

第一拍至第二拍：此时将双腿并起来，然后一同向左跳跃，与此同时，两臂肩上屈，双手呈现出五指分开、掌心向前的姿态。

第三拍至第四拍：动作与第一拍至第二拍相同，但运动方向与之相反。

第五拍至第六拍：将双腿并起来，然后一同向左跳跃，转成身体半蹲的姿态，之后两臂侧举，双手的五指分开，掌心向前。

第七拍至第八拍：同第五拍至第六拍，但运动方向与之相反。

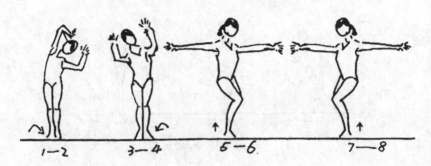

图 4-1-23　第二个八拍

3. 第三个八拍

同第一个八拍。

4. 第四个八拍

同第二个八拍。

（八）整理运动

1. 第一个八拍（图 4-1-24）

第一拍至第二拍：右脚保持原位置不动，左脚向左侧迈出一步，然后两脚呈现出开立状态，提起脚后跟，两臂向上抬起直至侧举状态，双手五指并拢，掌心向下。

第三拍至第四拍：右脚屈膝移动，将它靠在左脚上，此时的重心落在左脚上，然后两臂放松下来，落到身体的两侧。

第五拍至第八拍：同第一拍至第四拍，但运动方向与之相反。

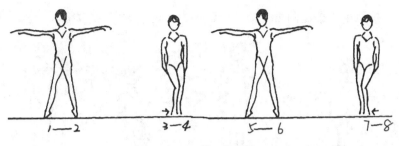

图 4-1-24　第一个八拍

2. 第二个八拍（图 4-1-25）

第一拍至第二拍：此时两臂斜上举，两脚向上抬起，踮起脚后跟，同时抬头挺胸，双手五指并拢，掌心相对。

第三拍至第四拍：双腿开始屈膝，然后慢慢半蹲下来，两臂放松下来，落在身体的两侧。

第五拍至第八拍：同第一拍至第四拍。

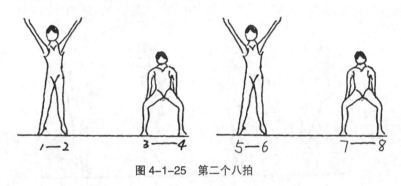

图 4-1-25　第二个八拍

二、少儿姿态健美操

预备姿势：身体保持直立姿势，两臂在身体两侧。

（一）颈部运动

1. 第一个八拍（图 4-1-26）

第一拍至第二拍：此时保持身体半蹲的姿势，与此同时左臂侧举，双手五指分开，掌心向前，头向左旋转 90°。

第三拍至第四拍：将身体还原成之前直立的预备姿势，两臂垂在身体两侧。

第五拍至第八拍：同第一拍至第四拍，但运动方向与之相反。

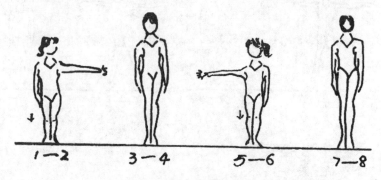

图 4-1-26　第一个八拍

2. 第二个八拍（图 4-1-27）

第一拍至第二拍：身体仍然保持半蹲的姿势，双手叉住腰部，头部轻轻向后屈。

第三拍至第四拍：将身体还原成之前直立的预备姿势。

第五拍至第八拍：同第一拍至第四拍，但运动方向与之相反。

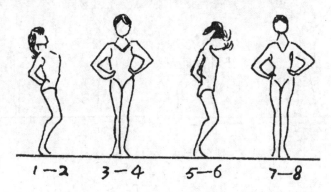

图 4-1-27　第二个八拍

3. 第三个八拍（图 4-1-28）

第一拍至第四拍：同第一个八拍的第一拍至第四拍，但此时左臂保持侧举的姿势，右手叉住腰部。

第五拍至第六拍：保持住之前身体半蹲的姿势，左臂经上向内绕环一周，然后呈侧举状态，同时头向左转 90°。

第七拍至第八拍：这时候还原之前的预备的直立姿势。

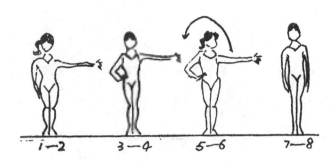

图 4-1-28　第三个八拍

4. 第四个八拍

同第三个八拍。

5. 第五个八拍（图 4-1-29）

第一拍至第二拍：右脚保持原来的直立姿势不动，左脚侧出一步，其宽度与肩等同，与此同时，两臂先开始侧摆，直到向上举起，越过头顶，双手五指分开，掌心向前。

第三拍至第四拍：两腿开始向下，保持半蹲的状态，两臂肩侧下屈，低头含胸，双手五指分开，掌心向后。

第五拍至第八拍：同第一拍至第四拍。

图 4-1-29　第五个八拍

6. 第六个八拍（图 4-1-30）

第一拍至第四拍：这时候双腿保持开立的状态，同一时间双手叉住腰部，抬起头部、挺起胸膛、收腹立腰。

第五拍至第八拍：此时双腿保持直立状态，仍然是双手叉腰，从左边开始头部经过后边然后绕环运动一周。

图 4-1-30　第六个八拍

7. 第七个八拍

同第五个八拍，但运动方向与之相反。

8. 第八个八拍

同第六个八拍，但运动方向与之相反。

（二）上肢运动

1. 第一个八拍（图 4-1-31）

第一拍：保持左腿处于伸直的状态，右腿向下屈膝，然后左髋向左边顶，双臂也从一开始的弯曲，逐渐向侧下伸直，双手的五指用力分开，掌心向前。

第二拍：右髋向右边顶，同时两臂肩侧上屈，双手五指用力分开，掌心向前。

第三拍至第四拍：同第一拍至第二拍。

第五拍：左髋向左边顶，同时两臂由肩侧屈向侧上伸成侧上举，五指用力分开，掌心向前。

第六拍：右髋向右边顶，同时两臂肩侧上屈，双手五指分开，始终保持掌心向前。

第七拍至第八拍：同第五拍至第六拍。

图 4-1-31　第一个八拍

2. 第二个八拍（图 4-1-32）

第一拍至第二拍：身体保持半蹲的姿势，两臂向后摆动着，低头含胸。

第三拍至第四拍：身体保持直立姿势不变，右臂开始摆动，直到右侧向上举起。在第四拍时左脚开始与右脚互相并起来，同时双臂肩上侧屈，双手五指分开，掌心向前。

第五拍：左脚开始向后移动，移动到右脚的后面，然后脚尖点地，双臂用力向上伸至上举，同时双手五指分开。

第六拍：同第四拍。

第七拍至第八拍：同第五拍至第六拍，但第八拍将身体姿势进行还原，还原成开立的姿势。

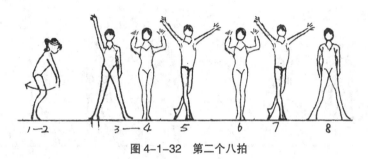

图 4-1-32 第二个八拍

3. 第三个八拍

同第二个八拍，但运动方向与之相反。

4. 第四个八拍（图 4-1-33）

第一拍到第四拍：身体保持双腿直立的姿势，同时两臂向内大绕环。

第五拍至第六拍：右腿保持原来状态直膝不变，左腿开始屈膝，同时慢慢脚尖点地，双手叉腰。

第七拍至第八拍：同第五拍至第六拍，但运动方向与之相反。

图 4-1-33 第四个八拍

5. 第五个八拍（图 4-1-34）

第一拍：身体保持半蹲的状态，左手紧紧握拳，同时左臂从前面摆动直到向上举起，右手也是握拳，右臂垂于身体侧面。

第二拍：身体恢复到之前的直立状态。

第三拍：同第一拍，但运动方向与之相反。

第四拍：同第二拍。

第五拍：身体保持半蹲的状态，双手握拳，两臂从身体旁边慢慢向上举，最后越过头顶，双手左右的拳心相对。

第六拍：身体恢复到之前的直立状态，两臂垂于身体两侧。

第七拍：同第五拍。

第八拍：同第六拍。

图 4-1-34　第五个八拍

6. 第六个八拍

同第四个八拍。

（三）肩部运动

1. 第一个八拍（图 4-1-35）

第一拍至第二拍：两臂垂在身体的两侧，双腿保持开立的状态，然后开始向上提左肩一次。

第三拍至第四拍：保持之前的状态不变，然后向上提右肩一次。

第五拍至第八拍：双腿与双臂的状态仍然保持原样，同时向上提起双肩两次。

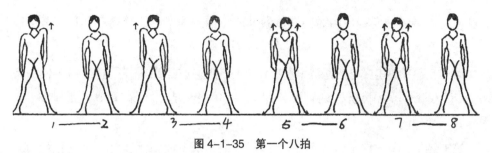

图 4-1-35 第一个八拍

2. 第二个八拍（图 4-1-36）

第一拍至第二拍：双腿与双臂的状态保持不变，左肩开始向上提，然后向前绕环一次。

第三拍至第四拍：双腿与双臂的状态保持不变，右肩开始向上提，然后向前绕环一次。

第五拍至第六拍：重心移到左腿处，此刻左腿成左弓步，与此同时，双肩共同向后绕环一次。

第七拍至第八拍：双腿还原成之前开立的状态，同时双肩开始向后绕环一次。

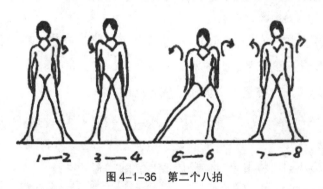

图 4-1-36 第二个八拍

3. 第三个八拍

同第一个八拍，但运动方向与之相反。

4. 第四八拍

同第二个八拍，但运动方向与之相反。

（四）胸部运动

1. 第一个八拍（图 4-1-37）

第一拍至第二拍：左脚姿态保持不变，右脚开始移动使之靠近左脚，然后脚尖点地呈现半蹲的姿势。同时向左旋转 90°，两手握拳，双臂屈起然后交叉于胸前，低头含胸。

第三拍至第四拍：左脚姿势仍然不变，右脚向右迈出一步，整个身体向右转90°，呈双腿开立的姿势，两臂开始用力扩胸向上举起，呈斜上举，此刻双手五指分开，掌心向前。

第五拍至第八拍：同第一拍至第四拍，但运动方向与之相反。第八拍的时候将整个身体还原成直立的状态。

图 4-1-37　第一个八拍

2. 第二个八拍（图 4-1-38）

第一拍至第二拍：左腿向前迈出一步，成前弓步的姿势，右脚脚尖点地，两臂从身体向前摆动直到上举，此时双手五指分开，掌心向前。

第三拍至第四拍：将整个身体还原成直立的状态。

第五拍至第六拍：同第一拍至第二拍，不过这时将左腿换成了右腿来进行训练。

第七拍至第八拍：将整个身体还原成直立的状态。

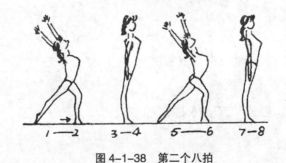

图 4-1-38　第二个八拍

3. 第三个八拍（图 4-1-39）

第一拍至第二拍：左脚向前迈出一步，右脚踮起脚尖，双手握拳，拳心向下，双臂胸前平屈后振。

第三拍至第四拍：右脚在身体右侧点地，两臂由前向侧扩胸后振，拳心向下，抬头挺胸。

第五拍至第六拍：右脚向后退了一步，此时左脚踮起脚尖，同时两手握拳，两臂在胸前平屈后振。

第七拍至第八拍：左脚在右脚左侧点地，两臂由前向侧扩胸，拳心向下，抬头挺胸。

图 4-1-39　第三个八拍

4.第四个八拍（图 4-1-40）

第一拍至第二拍：上体向左侧转动 90°，然后左腿开始屈膝，呈左弓步的姿势，右臂握拳上举，左臂也是握拳，垂在身体侧面。

第三拍至第四拍：上体向右转动 90°，然后还原到之前直立的状态。

第五拍至第六拍：同第一拍至第二拍，但运动方向与之相反。

第七拍至第八拍：同第三拍至第四拍。

图 4-1-40　第四个八拍

（五）腰部练习

1. 第一个八拍（图 4-1-41）

第一拍至第二拍：两腿开始屈膝，呈现出半蹲的姿势，右臂从右侧开始慢慢向左侧舒展延伸，在身体前面，左臂也在慢慢向右侧伸，身体左侧屈，双手五指并拢，掌心相对。

第三拍至第四拍：双腿不再屈膝，而是还原出之前开立的状态，同时两臂侧平举。

第五拍至第六拍：同第一拍至第二拍，但运动方向相反。

第七拍至第八拍：同第三拍至第四拍。

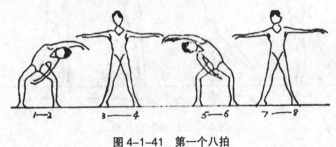

图 4-1-41　第一个八拍

2. 第二个八拍（图 4-1-42）

第一拍至第二拍：双腿慢慢屈膝，呈现出半蹲的状态，上体向左转动 90°，右臂弯曲肘部，同时在胸前平屈，左臂伸直，然后向后伸展，双手五指并拢，掌心向下。

第三拍至第四拍：双腿不再屈膝，而是两腿保持直立状态，两臂前平举，双手掌心向下。

第五拍至第六拍：同第一拍至第二拍，但运动方向与之相反。

第七拍至第八拍：同第三拍至第四拍。

图 4-1-42　第二个八拍

3. 第三个八拍（图 4-1-43）

第一拍至第二拍：双腿保持直立，整个身体向前屈，双手向下使力，直至双手触碰地面。

第三拍至第四拍：两腿直立，但两臂处于侧平举的状态，同时双手掌心向下。

第五拍至第六拍：左脚向左迈出一步，呈左弓步的姿势，右臂在胸前平屈，左臂是向上之后斜上举的状态。

第七拍至第八拍：同第五拍至第六拍，但运动方向与之相反，第八拍仍然还原成之前直立的样子。

图 4-1-43　第三个八拍

4. 第四个八拍（图 4-1-44）

第一拍至第二拍：左脚向右迈出一步，与右脚相互交叉。同时右脚踮起脚尖，同时两臂肩上侧屈，双手五指分开，掌心向前。

第三拍至第四拍：右脚向右迈出一步，此时仍是脚尖点地，上体向右侧屈，同时左臂向上举，右臂是侧举的姿势，双手同样都是掌心向前。

第五拍至第八拍：同第一拍至第四拍，但运动方向与之相反。

图 4-1-44　第四个八拍

（六）腿部运动

1. 第一个八拍（图 4-1-45）

第一拍至第二拍：起初右脚保持原来姿势不变，左脚向前迈出一步，然后向前踢出右腿，此时双手叉住腰部姿势不变。

第三拍至第四拍：右脚缓缓落到地面上，然后向后退一步，还原成直立的状态。

第五拍至第六拍：同第一拍至第二拍，但运动方向与之相反，训练时应该换右腿。

第七拍至第八拍：同第三拍至第四拍，但最后仍然是还原成直立的状态。

图 4-1-45　第一个八拍

2. 第二个八拍（图 4-1-46）

第一拍至第二拍：左脚抬起，缓缓向前方右侧迈出一步，待触到地面时，右腿开始向前侧踢一次。

第三拍至第四拍：整个身体还原成直立的状态。

第五拍至第六拍：同第一拍至第二拍相同，但运动方向与之相反。

第七拍至第八拍：整个身体还原成直立的状态。

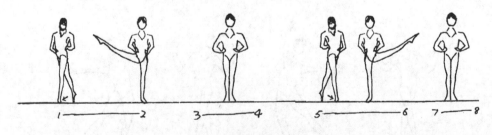

图 4-1-46　第二个八拍

3. 第三个八拍（图 4-1-47）

第一拍至第二拍：右腿保持直立，左腿屈膝抬起，双手向下伸展到左腿下侧，然后开始一次击掌。

第三拍至第四拍：改换右腿，之后动作与第一拍至第二拍相同，但双手向下伸展到右腿下侧，然后开始一次击掌。

第五拍：上体向左转体 45°，左腿支撑，右腿向后摆，左臂上举，同时右臂向下，双手五指并拢，掌心向下。

第六拍：将整个身体还原成直立的姿势。

第七拍：同第五拍，但运动方向与之相反。

第八拍：同第六拍。

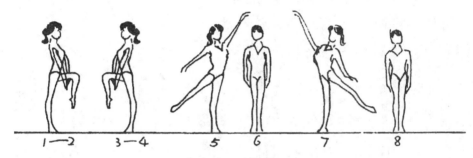

图 4-1-47　第三个八拍

4. 第四个八拍（图 4-1-48）

第一拍至第二拍：左腿保持原来直立状态，起支撑作用，同时两手叉腰，右腿向左旋转 45° 侧踢，在第二拍时还原之前的直立状态。

第三拍至第四拍：同第一拍至第二拍，但运动方向与之相反，在第四拍时还原之前的直立状态。

第五拍至第八拍：左脚进行四次原地踏步，同时两臂体前大绕坏一周。

图 4-1-48　第四个八拍

（七）跳跃运动

1. 第一个八拍（图 4-1-49）

第一拍：左右腿并在一起进行小跳，然后跳落成右腿支撑整个身体的状态，左腿进行屈膝高抬，左臂侧举，右臂胸前平屈，双手同样都是五指并拢，掌心向下。

第二拍：左右腿并在一起进行小跳，然后跳落成身体直立的状态，两臂向上举起，双手五指并拢，掌心向前。

第三拍：同第一拍，但运动方向与之相反。

第四拍：将整个身体还原成身体直立的状态。

第五拍至第八拍：同第一拍至第四拍。

图 4-1-49　第一个八拍

2. 第二个八拍（图 4-1-50）

第一拍：双脚进行小跳，然后跳落成半蹲的状态，两臂摆至前平举，双手为五指并拢，掌心向下。

第二拍：左右腿并在一起进行小跳，然后跳落成身体直立的状态，两臂垂在身体的两侧。

第三拍：双脚进行小跳，然后跳落成半蹲，两臂摆动到侧平举，双手为五指并拢，掌心向下。

第四拍：左右腿并在一起进行小跳，然后跳落成身体直立的状态，两臂垂在身体的两侧。

第五拍至第八拍：双手叉腰，同时双腿进行后踢腿跳，整个身体向左旋转360°。

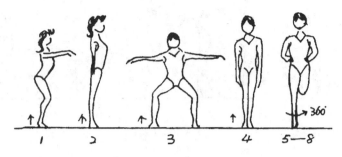

图 4-1-50　第二个八拍

3. 第三个八拍（图 4-1-51）

第一拍：双腿进行小跳，然后跳落成右腿支撑的姿势，左腿向前屈膝，右臂屈肘并尽可能触碰到左膝，同时左臂向斜上举，握住拳头。

第二拍：双腿进行小跳，然后跳落成身体直立的姿势，两臂侧平举，同时双手握拳，拳心向下。

第三拍：双腿进行小跳，然后跳落成右腿支撑的姿势，左腿轻轻抬起向前踢出，两臂侧平举，握住拳头。

第四拍：同第二拍。

第五拍至第八拍：同第一拍至第四拍，但运动方向与之相反，此时改换右腿做。

图 4-1-51　第三个八拍

4. 第四个八拍（图 4-1-52）

第一拍：上体向左旋转 90°，然后双腿进行小跳，跳落成右腿支撑的姿势，同时左腿向前踢，在这个过程中双手始终保持叉腰的姿势。

第二拍：左右腿并在一起进行小跳，然后跳落成身体直立的状态。

第三拍：上体向右旋转 90°，换成右腿向前踢出。

第四拍：同第二拍。

第五拍至第八拍：同第一拍至第四拍。

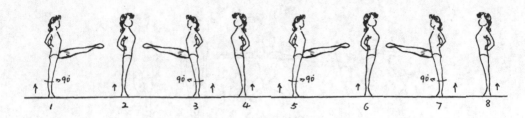

图 4-1-52　第四个八拍

（八）整理运动

1. 第一个八拍（图 4-1-53）

第一拍至第四拍：左脚开始进行简单的运动，进行原地踏步四次，然后两臂向内大绕环一次。

第五拍至第六拍：左脚向左迈出一步，两臂摆至侧平举，双手五指并拢，掌心向下，身体向前屈。

第七拍至第八拍：将左脚与两臂开始收起来，停止运动，将其放于身体的两侧。

图 4-1-53　第一个八拍

2. 第二个八拍

同第一个八拍，但在第一拍时应该是两臂向外大绕环一次。

第二节　青年组成套动作

爱美，是人的天性。女生希望自己体态优美轻盈，男生希望自己挺拔俊逸，无论什么阶段，人们都希望自己的体态是健康而美丽的。

由于历史时期、区域、阶层、民族、生活条件等的不同，其审美观也各不相同。比如，在盛唐时期，女子以丰腴为美；而封建社会，女子以病态为美。

现代社会，年轻人越来越意识到锻炼的重要性。通过良好的锻炼，可以使可以身体健康、体态优美、精力旺盛，从而具有工作和生活的适应能力，增强自信心。

一、青年把杆健美操

预备姿势：侧对把杆，两腿分开直立，右手扶把。

（一）头部运动

1. 第一个八拍（图 4-2-1）

第一拍：屈膝外展半蹲，右手侧平举，五指并拢，掌心向下。

第二拍：还原开立。

第三拍：头前屈。

第四拍：头还原。

第五拍：立踵。

第六拍：还原开立。

第七拍：头后屈。

第八拍：头还原。

图 4-2-1　第一个八拍

2. 第二个八拍（图 4-2-2）

第一拍：屈膝外展半蹲，头左转 90°，手三位。

第二拍：直立，头还原。

第三拍：屈膝外展半蹲，头右转 90°，右手叉腰。

第四拍：直立，头还原，右手侧平举。

第五拍至第六拍：向左移重心，头由右向左划弧，右臂由右向左摆动。

第七拍至第八拍：向右移重心，头由左向右划弧，左臂由左向右摆动。

图 4-2-2　第二个八拍

3. 第三个八拍

同第一个八拍。

4. 第四个八拍

同第二个八拍。

5. 第五个八拍（图 4-2-3）

第一拍至第四拍：开立，左手扶把，右手侧平举，头由左经后向右绕环一周。

第五拍至第六拍：头左屈。

第七拍至第八拍：头右屈。

图 4-2-3　第五个八拍

6. 第六个八拍

同第五个八拍，但方向相反，最后一拍向左转 90°，成面对把杆，两手扶把。

（二）肩部运动

1. 第一个八拍（图 4-2-4）

第一拍至第二拍：立踵，两肩上提，两手扶把。

第三拍至第四拍：两腿屈膝外展半蹲一次。

第五拍至第七拍：左腿支撑，右腿并左腿吸腿，右肩向内转，左肩外转，转肩三次，抬头挺胸。

第八拍：右腿右侧一步成开立。

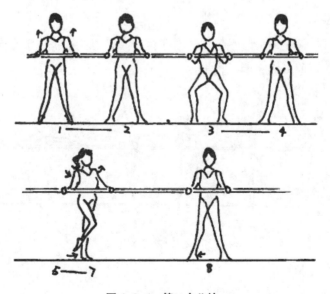

图 4-2-4　第一个八拍

2.第二个八拍（图4-2-5）

第一拍至第二拍：立踵，两肩向前绕环一周。

第三拍至第四拍：屈膝外展半蹲，两肩向后绕环一周。

第五拍至第七拍：左腿并右腿，左腿吸腿，左肩向内转，右肩向外转，转肩三次。

第八拍：左脚左侧一步开立。

图4-2-5　第二个八拍

3.第三个八拍（图4-2-6）

第一拍：两手扶把，两腿屈伸一次，向左移重心提左肩。

第二拍：还原开立，右肩下沉。

第三拍：两腿屈伸一次，重心向左移，右臂由侧面摆至上方，五指并拢，掌心向外，左手扶把。

第四拍：还原开立，左手扶把，右手放于体侧。

第五拍至第六拍：两肩向后绕环一周。

第七拍：屈膝半蹲，左手扶把，右手侧平举，五指并拢，掌心向下。

第八拍：还原开立，两手扶把。

图4-2-6　第三个八拍

4.第四个八拍

同第三个八拍，但运动方向与之相反。

5. 第五个八拍（图 4-2-7）

第一拍至第二拍：左手扶把，右臂向后大绕环一周后放于身体侧面。

第三拍：右腿屈膝内扣，右肩内扣。

第四拍：两腿直立，两手扶把。

第五拍至第六拍：同第一拍至第二拍，但运动方向与之相反。

第七拍：同第三拍，但运动方向与之相反。

第八拍：同第四拍。

图 4-2-7　第五个八拍

6. 第六个八拍（图 4-2-8）

第一拍至第四拍：两腿开立，屈膝慢慢下蹲，左右肩依次前后顶肩，身体前屈。

第五拍至第八拍：两腿慢慢伸直，左右肩依次前后顶肩，抬上体。

图 4-2-8　第六个八拍

（三）胸部运动

1. 第一个八拍（图 4-2-9）

第一拍至第四拍：两臂向后绕至上举，抬头挺胸。

第五拍至第六拍：两腿直立，身体前屈，两手扶把，压肩。

第七拍至第八拍：身体前屈，压肩一次。

图 4-2-9　第一个八拍

2. 第二八拍（图 4-2-10）

第一拍至第四拍：两臂向后绕环至体前，两手相握，抬头挺胸。

第五拍至第六拍：两腿屈膝半蹲，两臂由体前摆至上举向后振，抬头挺胸。

第七拍至第八拍：两腿直立，两臂向后振，抬头挺胸。

图 4-2-10　第二个八拍

3. 第三个八拍（图 4-2-11）

第一拍至第二拍：身体向右转体 90°，左腿前点地，右腿直立，右手扶把，左手侧平举。

第三拍至第四拍：向前移重心，右脚后点地，含胸，左臂经体侧前摆至斜上举，五指并拢，掌心向下，挺胸抬头。

第五拍至第六拍：向右转体 180°，左手扶把，左腿直立，右脚前点地，左手扶把，右手侧平举。

第七拍至第八拍：向前移重心，右腿直立，左腿后点地，右臂经体侧前摆，挺胸抬头。

图 4-2-11　第三个八拍

4. 第四个八拍（图 4-2-12）

第一拍至第二拍：左手扶把，右手侧举，五指并拢，掌心向下，左腿并右腿，挺胸体前屈，右臂尽量触地。

第三拍至第四拍：上体起成直立，右臂上举。

第五拍至第六拍：上体后屈，抬头挺胸。

第七拍至第八拍：抬上体，右臂经上举至前举。

图 4-2-12　第四个八拍

5. 第五个八拍（图 4-2-13）

第一拍至第八拍：上体向内水平绕环一周，右臂随之经前向内水平绕环一周半至侧举，同时屈膝弹动两次。最后一拍向左转，右手扶把，左手侧平举。

图 4-2-13　第五个八拍

6. 第六个八拍

同第四个八拍。

7. 第七个八拍

同第五个八拍，但运动方向与之相反，最后一拍右转 90°，面对把杆直立，两手扶把。

8. 第八个八拍（图 4-2-14）

第一拍至第二拍：两腿屈膝半蹲，两手扶把，含胸，低头。

第三拍至第四拍：两腿直立，抬头展胸。

第五拍至第八拍：同第一拍至第四拍。

图 4-2-14　第八个八拍

（四）腰部运动

1. 第一个八拍（图 4-2-15）

第一拍至第四拍：左脚向左侧一步左移，右脚点地。

第五拍至第七拍：右手扶把，左臂经侧绕至上举，上体右侧屈振两次，五指并拢，掌心向内。

第八拍：还原开立，两手扶把。

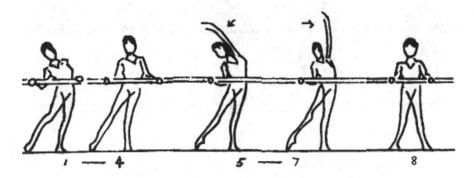

图 4-2-15　第一个八拍

2. 第二个八拍

同第一个八拍，但运动方向与之相反。

3. 第三个八拍（图 4-2-16）

第一拍至第二拍：两腿屈膝半蹲，上体向左转 90°。

第三拍至第四拍：上体向右转 90°，右腿支撑，立踵，左腿屈膝外展。

第五拍至第六拍：两腿屈膝半蹲，上体向右转 90°。

第七拍至第八拍：上体向左转 90°，左腿支撑，立踵，右腿屈膝外展。

图 4-2-16　第三个八拍

4. 第四个八拍（图 4-2-17）

第一拍至第四拍：两腿开立，两手扶把，腰部由左经后向右绕环一周。

第五拍：右腿屈膝内扣，左腿直向左顶髋。

第六拍：还原直立。

第七拍：同第五拍，但运动方向与之相反。

第八拍：同第六拍。

图 4-2-17　第四个八拍

5. 第五个八拍（图 4-2-18）

第一拍至第四拍：两手扶把，腰部由右经后向左绕环一周。

第五拍：两腿屈膝半蹲，髋向前顶。

第六拍：髋向后顶。

第七拍：同第五拍。

第八拍：同第六拍。

图 4-2-18　第五个八拍

（五）腿部运动

1. 第一个八拍（图 4-2-19）

第一拍至第二拍：上体向左转 45°，侧对把杆，左腿屈膝高抬，将脚跟放在把杆上，滑叉压左腿，右腿支撑，左臂前伸。

第三拍至第四拍：向前压左腿，右手扶把，左手上举，上体前屈，正压腿。

第五拍至第八拍：同第一拍至第四拍。

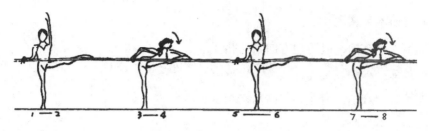

图 4-2-19　第一个八拍

2. 第二个八拍（图 4-2-20）

第一拍至第二拍：上体右转 45°，左手扶把，右手上举。

第三拍至第四拍：侧压左腿，上体左侧屈，右手上举。

第五拍至第八拍：同第一拍至第四拍。

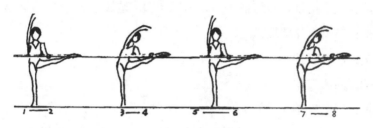

图 4-2-20　第二个八拍

3. 第三个八拍（图 4-2-21）

第一拍至第二拍：上体右转 90°，左腿屈膝，脚尖勾把杆，左手扶把，右手上举。

第三拍至第四拍：右腿稍屈，上体后屈，压后腿。

第五拍至第六拍：同第一拍至第二拍。

第七拍至第八拍：同第三拍至第四拍，但最后一拍面对把杆，两手扶把，换右腿。

图 4-2-21　第三个八拍

4. 第四个八拍

同第一个八拍，但运动方向与之相反。

5. 第五个八拍

同第二个八拍，但运动方向与之相反。

6. 第六个八拍

同第三个八拍，但运动方向与之相反，最后一拍左手扶把，侧对把杆站立。

7. 第七个八拍（图 4-2-22）

第一拍：左腿支撑，右腿屈膝高抬，右脚贴左膝部，低头含胸，右臂侧平举，五指并拢，掌心向下。

第二拍：右腿在左脚后点地，抬头挺胸。

第三拍：左手把杆，右臂侧平举，右腿向前大踢腿。

第四拍：右腿落左腿后点地。

第五拍：同第一拍。

第六拍：同第二拍。

第七拍：同第三拍。

第八拍：右脚落左脚前立踵向左转体 180°，右手扶把，左臂侧平举。

图 4-2-22　第七个八拍

8. 第八个八拍

同第七个八拍，但运动方向与之相反，换左腿做，最后一拍左手扶把，侧对把杆站立。

9. 第九个八拍（图 4-2-23）

第一拍：左腿支撑，左手扶把，右臂侧平举，右腿屈膝侧面高抬，右脚贴左膝，然后向内摆至前屈，高抬，收髋，展髋，低头含胸。

第二拍：右腿屈膝向外摆至侧面高抬腿，抬头挺胸。

第三拍：右腿向侧面弹踢一次。

第四拍：右腿下落并左腿，立正。

第五拍：同第一拍。

第六拍：同第二拍。

第七拍：同第三拍。

第八拍：同第四拍，最后一拍，右腿落左腿前，向内转 180° 成右手扶把，侧对把杆站立。

图 4-2-23　第九个八拍

10. 第十个八拍

同第九个八拍，但运动方向与之相反，换左腿做，最后一拍，向右转体 90° 成两手扶把，面对把杆站立。

11. 第十一个八拍（图 4-2-24）

第一拍至第二拍：面对把杆，两手扶把，右腿伸直支撑，左腿后踢一次。

第三拍至第四拍：左脚落右脚前点地。

第五拍至第六拍：同第一拍至第二拍。

第七拍至第八拍：同第三拍至第四拍。

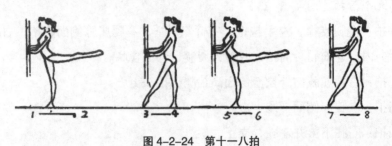

图 4-2-24　第十一八拍

12. 第十二个八拍

同第十一个八拍，后踢幅度可稍加大，上体可稍前倾。

13. 第十三个八拍

同第十一个八拍，换右腿。

14. 第十四个八拍

同第十二个八拍。

（六）跳跃运动

1. 第一个八拍（图 4-2-25）

第一拍至第二拍：面对把杆两手扶把，左脚向左擦出一步成开立。

第三拍：立踵。

第四拍：两脚跟落下。

第五拍至第六拍：小跳一次。

第七拍至第八拍：小跳一次，落成开立。

图 4-2-25　第一个八拍

2. 第二个八拍

同第一个八拍。

3. 第三个八拍（图 4-2-26）

第一拍：左腿跳落一次，右腿前屈膝高抬，两手扶地。

第二拍：左腿跳落一次，右腿落左脚旁点地。

第三拍：左腿跳落一次，右腿侧屈高抬。

第四拍：左腿跳落，右腿并左腿。

第五拍：同第一拍。

第六拍：同第二拍。

第七拍：同第三拍。

第八拍：同第四拍。

图 4-2-26　第三个八拍

4. 第四个八拍

同第三个八拍，方向相反，换左腿做。

（七）整理运动

1. 第一个八拍（图 4-2-27）

第一拍至第四拍：左腿开始做两次滚动步。

第五拍至第六拍：继续做两次滚动步，两臂上举经侧打开于身体两侧，五指并拢，掌心向下。

图 4-2-27　第一个八拍

2. 第二个八拍（图 4-2-28）

第一拍至第四拍：继续做两次滚动步，两臂向内交叉绕环至上举。

第五拍至第八拍：继续做两次滚动步，两臂经侧打开于身体两侧。

3. 第三个八拍

同第二个八拍，但手臂向外绕环。

图 4-2-28　第二个八拍

二、青年垫上健美操

预备姿势：盘腿坐，两手放在膝部，收腹立腰，挺胸。

（一）头部运动

1. 第一个八拍（图 4-2-29）

第一拍至第二拍：头前屈。

第三拍至第四拍：头还原。

第五拍至第六拍：头后屈。

第七拍至第八拍：头还原。

图 4-2-29　第一个八拍

2. 第二个八拍（图 4-2-30）

第一拍至第二拍：头左侧屈。

第三拍至第四拍：头还原。

第五拍至第六拍：头右侧屈。

第七拍至第八拍：头还原。

图 4-2-30　第二个八拍

3. 第三个八拍（图 4-2-31）

第一拍至第八拍：头由左经后向右绕环一周。

图 4-2-31　第三个八拍

4. 第四个八拍（图 4-2-32）

第一拍至第六拍：头由右经后向左绕环一周。

第七拍至第八拍：两腿伸直成直角坐，两手放于身体两侧。

图 4-2-32　第四个八拍

5. 第五个八拍（图 4-2-33）

第一拍至第二拍：两腿并拢屈膝，脚尖触地，绷脚面，头向左转 90°。

第三拍至第四拍：两腿伸直成直角坐，头还原，挺胸，收腹，立腰。

第五拍至第六拍：同第一拍至第二拍，但头向右转 90°。

第七拍至第八拍：同第三拍至第四拍。

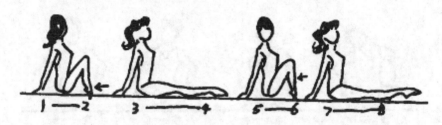

图 4-2-33　第五个八拍

（二）肩部运动

1. 第一个八拍（图 4-2-34）

第一拍至第二拍：两腿并拢屈膝，绷脚面，低头含胸，两臂侧平举旋内，两肩向前提，绕一周。

第三拍至第四拍：两腿并拢前伸，两肩向后提，绕一周，两臂经下摆至斜上举，五指并拢，掌心向上。

第五拍至第六拍：体前屈，两手触两脚。

第七拍至第八拍：还原直角坐。

图 4-2-34　第一个八拍

2. 第二个八拍

同第一个八拍。

3. 第三个八拍（图 4-2-35）

第一拍：两肩上提，左腿伸直前举，收腹立腰，挺胸。

第二拍：两肩下沉，左腿并右腿。

第三拍：两肩上提，右腿伸直前举。

第四拍：右腿并左腿，两肩下沉。

第五拍至第六拍：两肩向前绕环一周。

第七拍至第八拍：两肩向后绕环一周。

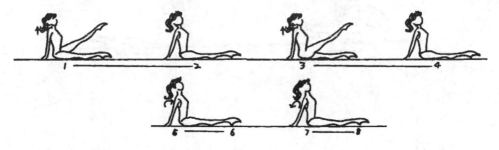

图 4-2-35　第三个八拍

4. 第四个八拍（图 4-2-36）

第一拍至第二拍：两臂伸支撑，臀部离地前移抬肩，屈膝直臂。

第三拍至第四拍：还原直角坐。

第五拍至第六拍：同第一拍至第二拍。

第七拍至第八拍：还原直角坐。

图 4-2-36　第四个八拍

（三）胸部运动

1. 第一个八拍（图 4-2-37）

第一拍至第二拍：两臂由下向后绕至上举，挺胸抬头，五指并拢，掌心向前。

第三拍至第六拍：上体前屈，同时两手触脚尖，向下振动两次。

第七拍至第八拍：还原直角坐。

图 4-2-37　第一个八拍

2. 第二个八拍

同第一个八拍。

3. 第三个八拍（图 4-2-38）

第一拍至第二拍：两腿屈膝向左转 90°，侧坐。

第三拍至第四拍：还原成双腿屈膝正坐。

第五拍至第六拍：同第一拍至第二拍，但运动方向与之相反。

第七拍至第八拍：同第三拍至第四拍。

图 4-2-38　第三个八拍

4. 第四八拍（图 4-2-39）

第一拍至第二拍：上体向左转体 90°，成左腿半臂腿坐，左手撑地，右手上举，五指并拢，掌心向下。

第三拍至第四拍：胸后屈，右手后振，五指并拢，掌心向下，挺胸抬头。

第五拍至第六拍：同第一拍至第二拍。

第七拍至第八拍：同第三拍至第四拍。

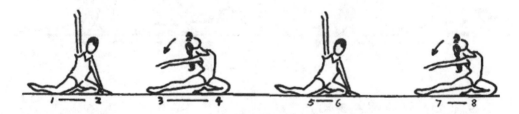

图 4-2-39　第四个八拍

5. 第五个八拍

同第四个八拍，但运动方向与之相反，最后一拍成跪撑。

6. 第六个八拍（图 4-2-40）

第一拍至第八拍：臀部后坐压肩四次。

图 4-2-40　第六个八拍

7. 第七个八拍（图 4-2-41）

第一拍至第四拍：两臂屈肘挺胸，塌腰擦地前移。

第五拍至第八拍：挺胸抬头成俯卧。

图 4-2-41　第七个八拍

8. 第八个八拍（图 4-2-42）

第一拍至第四拍：做一次俯卧撑（屈肘，腹部贴地）。

第五拍至第八拍：做一次俯卧撑。

图 4-2-42　第八个八拍

9. 第九个八拍（图 4-2-43）

第一拍至第八拍：两臂屈肘挺胸，塌腰擦地，后移成跪坐。

图 4-2-43　第九个八拍

10. 第十个八拍（图 4-2-44）

第一拍至第四拍：挺胸抬头，上体前屈，两手背后叉腰。

第五拍至第八拍：低头含胸拱背，上体直起。

图 4-2-44　第十个八拍

11. 第十一个八拍（图 4-2-45）

第一拍至第四拍：跪撑两臂上举，五指并拢，掌心向前。

第五拍至第八拍：体后屈。

图 4-2-45　第十一个八拍

（四）腰部运动

1. 第一个八拍（图 4-2-46）

第一拍至第四拍：臀部后坐，两腿屈膝从侧面绕体至前成直角坐。

第五拍至第六拍：两臂支撑，两腿并拢，向右翻转 45°，臀部不离地。

第七拍至第八拍：向左翻转 45°，最后一拍还原成直角坐。

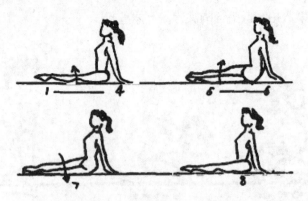

图 4-2-46　第一个八拍

2. 第二个八拍（图 4-2-47）

第一拍至第二拍：左腿屈膝，同时上体向左转 90°，两臂肩上屈。

第三拍至第四拍：还原成直角坐，两臂肩上屈。

第五拍至第六拍：同第一拍至第二拍，但运动方向与之相反。

第七拍至第八拍：两腿分开，两臂侧平举，五指并拢，掌心向下。

图 4-2-47　第二个八拍

3. 第三个八拍（图 4-2-48）

第一拍至第二拍：右手上举，左手前举，上体左侧屈，两腿伸直。

第三拍至第四拍：两腿分开，两臂侧平举，五指并拢，掌心向下。

第五拍至第六拍：同第一拍至第二拍，但运动方向与之相反。

第七拍至第八拍：同第三拍至第四拍。

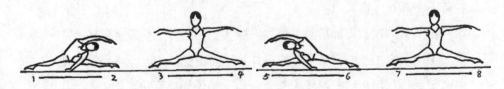

图 4-2-48　第三个八拍

（4）第四个八拍（图 4-2-49）

第一拍至第六拍：两臂侧举，体前屈，胸尽量贴地。

第七拍至第八拍：抬上体向左转 90°，并左右腿成直角坐。

图 4-2-49 第四个八拍

（五）腹背运动

1. 第一个八拍（图 4-2-50）

第一拍至第二拍：左腿伸直前举，起上体，两臂触左脚面。

第三拍至第四拍：还原仰卧，左腿并右腿。

第五拍至第六拍：同第一拍至第二拍。

第七拍至第八拍：同第三拍至第四拍。

图 4-2-50 第一个八拍

2. 第二个八拍

同第一个八拍，方向相反。

3. 第三个八拍（图 4-2-51）

第一拍至第二拍：上体和两腿同时抬起，两腿稍分，手臂前伸。

第三拍至第四拍：还原仰卧。

第五拍至第六拍：同第一拍至第二拍。

第七拍至第八拍：同第三拍至第四拍，最后一拍向左转 180° 成俯卧。

图 4-2-51　第三个八拍

4. 第四个八拍（图 4-2-52）

第一拍至第二拍：两腿伸直不动，抬上体，挺胸抬头，两手背后相抱。

第三拍至第四拍：还原俯卧。

第五拍至第六拍：同第一拍至第二拍，两臂斜上举。

第七拍至第八拍：同第三拍至第四拍。

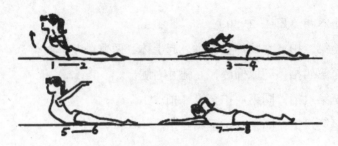

图 4-2-52　第四个八拍

5. 第五个八拍（图 4-2-53）

第一拍至第二拍：上体不动，左腿后踢，两臂屈肘撑地。

第三拍至第四拍：还原俯卧。

第五拍至第六拍：同第一拍至第二拍，但运动方向与之相反。

第七拍至第八拍：同第三拍至第四拍，最后一拍向右转体 180° 成仰卧。

图 4-2-53　第五个八拍

（六）腿部运动

1. 第一个八拍（图 4-2-54）

第一拍至第二拍：仰卧，右腿屈膝上抬。

第三拍至第四拍：右腿伸直并左腿。

第五拍至第六拍：右腿前踢。

第七拍至第八拍：还原仰卧。

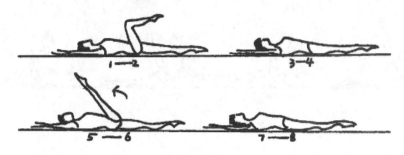

图 4-2-54　第一个八拍

2. 第二个八拍

同第一个八拍，方向相反，换左腿做。

3. 第三个八拍（图 4-2-55）

第一拍至第二拍：两腿并拢屈膝，尽量上抬。

第三拍至第四拍：两腿伸直，绷脚面。

第五拍至第六拍：两腿伸直前踢。

第七拍至第八拍：还原仰卧。

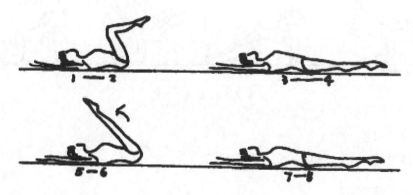

图 4-2-55　第三个八拍

4. 第四个八拍

同第三个八拍。

5. 第五个八拍（图 4-2-56）

第一拍至第二拍：身体向右转 90° 呈右侧卧，右肘撑地左手扶地，左腿侧踢。

第三拍至第四拍：左腿并右腿。

第五拍至第六拍：同第一拍至第二拍。

第七拍至第八拍：左腿并右腿。

图 4-2-56　第五个八拍

6. 第六个八拍

同第五个八拍，方向相反，换右腿做，最后拍成跪撑。

7. 第七个八拍（图 4-2-57）

第一拍至第二拍：两手撑地，左腿后踢。

第三拍至第四拍：左腿伸直落右腿后，脚尖触地。

第五拍至第六拍：同第一拍至第二拍。

第七拍至第八拍：左腿屈膝并右腿。

图 4-2-57　第七个八拍

8. 第八个八拍

同第七个八拍，方向相反，换右腿做。

（七）整理运动

1. 第一个八拍（图 4-2-58）

第一拍至第四拍：身体左转成直角坐，两腿屈膝，两臂抱双膝，低头含胸。

第五拍至第八拍：两腿伸直前伸，抬头挺胸，两臂向侧打开，成侧平举。

图 4-2-58　第一个八拍

2. 第二个八拍（图 4-2-59）

第一拍至第四拍：直角坐，两臂向上摆至上举，五指并拢，掌心向对。

第五拍至第八拍：两臂向侧做手臂波浪二次，收于体侧。

图 4-2-59　第二个八拍

3. 第三个八拍

同第一个八拍。

4. 第四个八拍

同第二个八拍。

第三节　中老年组成套动作

一、中老年姿态健美操

预备姿势：开立。

（一）伸展运动

1. 第一个八拍（图 4-3-1）

第一拍至第二拍：双腿向前屈膝，呈现出半蹲的姿势，两臂向前摆动，呈现出前平举的姿势，双手五指并拢，掌心向下。

第三拍至第四拍：这时双腿不再屈膝，而是两腿伸直，两臂也由前平举继续向上摆动，然后呈现出上举的状态，双手五指并拢，掌心相对。

第五拍至第六拍：双腿继续向前屈膝半蹲，两臂由上举向侧边摆动。呈现出侧平举的状态，同时双手依然五指并拢，掌心向下。

第七拍至第八拍：将身体还原为直立的状态，两臂垂于身体两侧。

图 4-3-1　第一个八拍

2.第二个八拍（图 4-3-2）

第一拍至第四拍：双腿向前屈膝，呈现出半蹲的姿势，左臂放在身体侧面不动，右臂向内绕环一周，同时身体还原成开立的状态。

第五拍至第八拍：同第一拍至第四拍的，但运动方向与之相反。

图 4-3-2　第二个八拍

3.第三个八拍（图 4-3-3）

第一拍至第二拍：双腿仍然向前屈膝，呈现出半蹲的姿势，左右臂皆是胸前平屈，双手是五指并拢，但有些许不同，即左臂在上，右臂在下；同时左右手的指尖相对，左手的指尖向下，右手的指尖向上。

第三拍至第四拍：两腿不再屈膝，呈现出伸直的状态，手臂的状态则是与第一拍至第二拍相反。

第五拍至第六拍：双臂不再平放在胸前，而是向上举，双手五指并拢，掌心向上。

第七拍至第八拍：将身体还原成开立的状态，两臂垂于身体两侧。

图 4-3-3　第三个八拍

4. 第四个八拍（图 4-3-4）

第一拍至第二拍：一开始双腿仍然向前屈膝，呈现出半蹲的姿势，两臂胸前平屈并且双臂互相交叉，双手五指并拢，掌心向下。

第三拍至第四拍：两腿不再屈膝，呈现出直立的状态，两臂也不再放胸前，而是向上移动，直到斜上举，此时双手掌心向下。

第五拍至第六拍：双腿仍然保持之前直立的状态，两臂也开始向上移动，由斜上举到上举，然后双手开始击掌一次。

第七拍全第八拍：将整个身体还原成开立的状态，两臂垂在身体两侧。

图 4-3-4　第四个八拍

（二）头部运动

1. 第一个八拍（图 4-3-5）

第一拍至第二拍：左右脚并起来，然后左脚进行一次滚动步，左右手握起来，双臂从身体前面移动向上举，形成前平举的姿势，同时头部前屈。

第三拍至第四拍：右脚进行一次滚动步，双臂继续向上移动，由前平举变成上举的姿势，同时头部向后屈。

第五拍至第六拍：与第一拍至第二拍的下体相似，仍然是左脚做滚动步，双臂向身体侧边移动，由上举变成侧平举的姿势，此时双手五指并拢，掌心向下，头部向左转 90°。

第七拍至第八拍：与第三拍至第四拍的下体动作相似，仍然是右脚做滚动步，但此时双臂不再继续上举，而是停留在身体两侧。

图 4-3-5　第一个八拍

2. 第二个八拍

同第一个八拍，但此时的头部是向右转 90°。

3. 第三个八拍（图 4-3-6）

第一拍至第二拍：双腿仍然是屈膝保持半蹲的姿势，左臂停留在体侧，右臂上举，右手五指并拢，掌心向外，头部向左屈。

第三拍至第四拍：两腿不再半蹲，恢复成之前的直立姿势，右臂停留在体侧，左臂上举，左手五指并拢，掌心向外，头部向右屈。

第五拍至第八拍：双腿仍然是保持直立的状态，双臂都停留在身体两侧，头由左经后向右绕环一周。

图4-3-6 第三个八拍

4. 第四个八拍

同第三个八拍，但运动方向与之相反。

（三）肩部运动

1. 第一个八拍（图4-3-7）

第一拍至第二拍：右脚保持不动，左脚向左侧迈出一步，两腿向下弯曲，形成屈膝半蹲的姿态，左肩开始向上提。

第三拍至第四拍：两腿还原成之前直立的状态，然后左肩开始下沉，右肩开始向上提。

第五拍至第八拍：两腿仍然保持之前的伸直状态，两腿进行两次立踵压脚跟，同时两肩向后绕环一周。

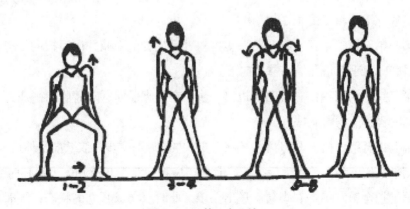

图4-3-7 第一个八拍

2. 第二个八拍

同第一个八拍，但运动方向与之相反。

3. 第三个八拍（图 4-3-8）

第一拍至第四拍：左脚开始向前迈步，一共走四步，这时两臂是在身体前后自然摆动。

第五拍至第六拍：左右腿并拢在一起，同时双腿向下弯曲，形成屈膝半蹲的姿势，双手叉住腰部，两肩依次向前顶一次。

第七拍至第八拍：最后两拍使双腿保持伸直的状态，肩的动作与第五拍至第六拍相同。

图 4-3-8 第三个八拍

4. 第四个八拍

同第三个八拍，但此时应右脚开始，向后退四步。

（四）胸部运动

1. 第一个八拍（图 4-3-9）

第一拍至第二拍：左脚向前一步，双臂呈现胸前平屈并向后振的姿势，同时含、展胸，双手五指并拢，掌心向下。

第三拍至第四拍：右脚向前迈出一步，在左脚前面，双臂胸前平屈并用力后振，同时含、展胸向后振。

第五拍至第六拍：右脚状态保持不变，左脚后退一步，双臂向身体两侧打开，形成侧平举的姿势，并用力后振，同时含、展胸，双手五指并拢，掌心向下。

第七拍至第八拍：右脚向后迈出一步，此时双腿成开立的状态，同时两臂的动作与第五拍至第六拍相一致。

图 4-3-9　第一个八拍

2. 第二个八拍（图 4-3-10）

第一拍至第二拍：双腿向下弯曲，形成屈膝半蹲的状态，挺胸抬头，此时姿势为侧平举，然后双臂继续向下向体前移动，同时上体低头含胸，体前屈。

第三拍至第四拍：双臂上举，双腿也恢复成之前开立的状态，双手五指并拢，掌心向前。

第五拍至第六拍：双腿向下弯曲，形成屈膝半蹲的状态，同时两手相握稍屈用力后振，抬起头部，挺起胸膛。

第七拍至第八拍：末尾双腿还原至开立的状态，两臂垂在身体两侧。

图 4-3-10　第二个八拍

3. 第三个八拍（图 4-3-11）

第一拍至第二拍：此时双腿向下弯曲，形成屈膝半蹲的状态，左臂垂在身体一侧，右臂从下方开始向上移动，然后形成上举的姿势，并用力后振，同时抬头，展胸，右手的五指并拢，掌心向前。

第三拍至第四拍：双腿恢复之前直立的状态，然后左右两臂开始之前的交换动作。即这拍的动作与前面第一拍至第二拍的动作相同，但运动方向与之相反。

第五拍至第八拍：同第一拍至第四拍。

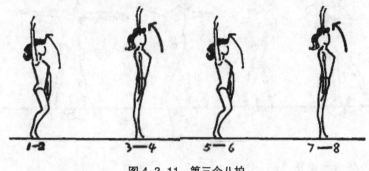

图 4-3-11　第三个八拍

4. 第四个八拍（图 4-3-12）

第一拍至第二拍：双腿保持直立的姿势，双臂抬起，在身体前面做交叉姿势，含胸低头，双手五指并拢，掌心向下。

第三拍至第四拍：双腿仍然保持直立姿势，双臂不再是之前交叉的状态，而是身体向后伸直，从体侧用力后振，双手五指并拢，掌心向下。

第五拍至第六拍：双腿仍然保持直立姿势，低头含胸，两臂垂在身体两侧。

第七拍至第八拍：双腿仍然保持直立姿势，展胸，抬起头部，两臂垂在身体两侧。

图 4-3-12　第四个八拍

（五）腰部运动

1. 第一个八拍（图 4-3-13）

第一拍至第二拍：此时双腿保持开立的状态，上体开始向右前屈下振，同时左臂上举，右臂侧平举，双手保持五指并拢，掌心向前。

第三拍至第四拍：上体不再保持前屈状态，上抬，还原成正直状态。

第五拍至第八拍：同第一拍至第四拍。

图 4-3-13　第一个八拍

2. 第二个八拍（图 4-3-14）

第一拍至第六拍：上体已经被还原成正直状态，然后双腿向下弯曲，呈现出屈膝半蹲的姿势，同时上体向左侧屈三次，左臂体前斜下，右臂上举，双手五指并拢，掌心向内，而且两臂向两侧不断延伸。

第七拍至第八拍：将整个身体还原成之前的开立状态，两臂放于身体两侧。

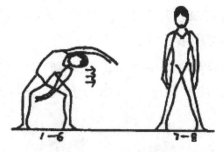

图 4-3-14　第二个八拍

3. 第三个八拍

同第一个八拍，但运动方向与之相反。

4. 第四个八拍

同第二个八拍，但运动方向与之相反。

5. 第五个八拍（图 4-3-15）

第一拍至第四拍：双腿保持直立的状态，双手叉腰，且腰部由左经后向右绕环一周。

第五拍至第六拍：左臂垂在体侧，右臂上举，同时手掌五指并拢，掌心向外。

第七拍至第八拍：上体向左转 45°，两腿向下弯曲，呈现出屈膝半蹲的状态，上体前屈，右臂由之前的上举状态开始向前移动，直到触及地面，然后低头含胸。

图 4-3-15　第五个八拍

6. 第六个八拍

同第五个八拍，但运动方向与之相反，最后第八拍时将身体还原成直立状态。

7. 第七个八拍（图 4-3-16）

第一拍至第二拍：双腿向下弯曲，形成屈膝半蹲的姿势，上体向左转 90°，右臂形成胸前平屈的姿势，左臂则是侧平举的姿势，双手五指并拢，掌心向下。

第三拍至第四拍：双腿恢复成直立状态，上体右转 90°，两臂也移动成为前平举状态，双手依然五指并拢，掌心向下。

第五拍至第六拍：同第一拍至第二拍，但运动方向与之相反。

第七拍至第八拍：同第三拍至第四拍，但运动方向与之相反。

图 4-3-16　第七个八拍

8. 第八个八拍（图 4-3-17）

第一拍至第二拍：双腿为直立状态，上体前屈，最终两手触脚，双手五指并拢，掌心向后。

第三拍至第四拍：双腿弯曲，形成两腿半蹲的状态，两臂在身体前侧移动，然后形成上举姿势，双手仍然是五指并拢，但此时掌心向前。

第五拍至第六拍：此时双腿恢复为直立状态，两臂向下移动至侧平举，双手五指并拢，掌心向下。

第七拍至第八拍：双腿继续恢复为直立状态，两臂放于身体两侧。

图 4-3-17　第八个八拍

（六）髋部运动

1. 第一个八拍（图 4-3-18）

第一拍至第二拍：双腿保持开立的状态，右臂在体侧，左臂伸直后向前移动直到前平举的状态，此时保持立掌的姿势，即五指并拢，掌心向前，与此同时，屈起右腿，向左进行两侧顶髋。

第三拍至第四拍：同第一拍至第二拍。但应是左手向身体侧面移动，然后形成侧平举姿势，此时手掌为立掌的姿态，五指并拢，掌心向外。

第五拍至第六拍：同第一拍至第二拍，但运动方向与之相反。

第七拍：同第三拍至第四拍相同，但运动方向与之相反。

第八拍：整个身体还原成开立的姿势，两臂垂在身体两侧。

图 4-3-18　第一个八拍

2. 第二个八拍（图 4-3-19）

第一拍至第二拍：右脚保持原来动作不变，左脚向前迈出一步，然后脚尖点地，向左顶髋，双臂从侧边上举，形成侧平举姿势，双手五指并拢，掌心向下。

第三拍至第四拍：右脚仍然保持状态不变，然后左脚向后一步，形成开立的状态，两臂放于身体两侧。

第五拍至第六拍：双腿成开立的状态，双手叉腰，髋左、右各顶一次。

第七拍至第八拍：同第五拍至第六拍。

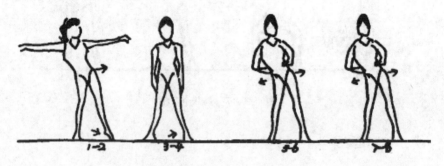

图 4-3-19　第二个八拍

3. 第三个八拍

同第一个八拍，但运动方向与之相反。

4. 第四个八拍

同第二个八拍，但方向与之相反。

（七）腿部运动

1. 第一个八拍（图 4-3-20）

第一拍至第二拍：上体向左转 90°，下体为左弓步姿势，重心进行了转移，双手扶住左膝盖，然后向下压一次，同时抬头挺胸。

第三拍至第四拍：上体前屈，同时双手开始触碰左脚。

第五拍至第六拍：同第一拍至第二拍。

第七拍至第八拍：整个身体还原成之前开立的状态，两臂放于身体两侧。

图 4-3-20　第一个八拍

2. 第二个八拍

同第一个八拍，但运动方向与之相反。

3. 第三个八拍（图 4-3-21）

第一拍：此时右腿作为整个身体的支撑，然后左腿开始屈膝高抬，双手握拳，两臂移动至胸前上屈的状态，双手拳心向内。

第二拍：左右腿并起来，双臂也垂在身体两侧。

第三拍：右腿保持之前的状态不动，然后左腿向前踢，两臂在身体两侧移动，直到形成侧平举的姿势，同时双手握拳，拳心向下。

第四拍：身体还原成之前直立的状态，两臂垂在身体两侧。

第五拍至第八拍：同第一拍至第四拍，但运动方向与之相反。

图 4-3-21　第三个八拍

4. 第四个八拍（图 4-3-22）

第一拍至第二拍：左脚保持之前姿势不动，然后右脚向内侧踢并与左手相触，此时右脚在左腿前，左脚作为整个身体的支撑。

第三拍至第四拍：同第一拍至第二拍，但此时应该换成左脚。

第五拍至第六拍：左脚姿势不变，右脚在左腿后部向左侧踢，然后与左手相触。

第七拍至第八拍：同第五拍至第六拍，但运动方向与之相反，此时应该换成左脚。

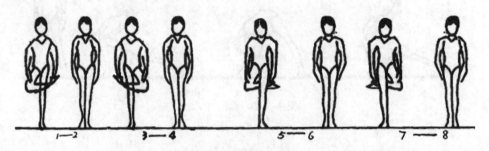

图 4-3-22　第四个八拍

（八）跳跃运动

1.第一个八拍（图 4-3-23）

第一拍至第二拍：上体为双手叉腰的姿势，右腿进行两次小跳，左腿向右前方伸出一步的距离，左脚尖点地。

第三拍至第四拍：同第一拍至第二拍，但运动方向与之相反。

第五拍至第六拍：右脚向右迈出一步，然后进行小跳，小跳完成后形成左右脚并在一起的姿势，此时右手为叉腰的姿势，左臂成上举姿势，双手五指并拢，掌心向外。

第七拍至第八拍：同第五拍至第六拍。

图 4-3-23　第一个八拍

2.第二个八拍

同第一个八拍，但运动方向与之相反。

3. 第三个八拍（图 4-3-24）

第一拍至第二拍：右脚进行一次原地小跳，左脚呈现出向前点地的姿势，两臂肩上屈，双手五指并拢，双手的指尖触碰肩关节。

第三拍至第四拍：左脚进行一次原地小跳，然后右脚向前点地，两臂向上移动到斜上举的姿势，此时双手五指并拢，掌心向内。

第五拍至第八拍：同第一拍至第四拍。

图 4-3-24　第三个八拍

4. 第四个八拍（图 4-3-25）

第一拍至第二拍：原地将左右腿合并，然后进行两次小跳，此时保持双手叉腰的姿势。

第三拍：双脚进行一次跳跃活动，然后跳落形成开立的姿势，同时双手握拳，两臂一开始在身体两侧，后逐渐向身体前面移动，最终形成前平举的状态，双手拳心向下。

第四拍：双脚进行一次跳跃活动，然后跳落形成直立的姿势，双臂还原成之前垂在身体两侧的姿势。

第五拍至第八拍：同第一拍至第四拍，但双臂向身体两侧移动，形成侧平举的姿势。

图 4-3-25　第四个八拍

（九）整理运动

1. 第一个八拍（图 4-3-26）

第一拍至第四拍：左脚向左迈出一步，然后双腿开始屈膝，使之保持半蹲的姿势，右手臂在身体前部开始运动，经过左边、上边绕环一周运动，左臂始终停在身体侧面不动，双手五指并拢。

第五拍至第八拍：双腿恢复成之前直立的状态，左臂由右经上绕环一周，右臂始终停在身体侧面。

图 4-3-26 第一个八拍

2. 第二个八拍（图 4-3-27）

第一拍至第二拍：此时重心开始向左移，成左弓步的姿势，双臂一开始在身体两侧，然后逐渐向上移动，直到呈现上举的状态，然后双手两手背相靠。

第三拍至第四拍：将整个身体还原成之前开立的状态，双臂仍然恢复停留在身体两侧。

第五拍至第六拍：同第一拍至第二拍，但运动方向与之相反。

第七拍至第八拍：同第三拍至第四拍。

图 4-3-27 第二个八拍

3. 第三个八拍（图 4-3-28）

第一拍至第四拍：由左脚开始运动，进行四次原地踏步，双臂在身体的前后进行自然摆动。

第五拍至第六拍：双手叉腰，右腿作为整个身体的支撑，左腿向前放松抖腿一次。

第七拍至第八拍：同第五拍至第六拍，但运动方向与之相反。

图 4-3-28　第三个八拍

4. 第四个八拍（图 4-3-29）

第一拍至第二拍：两腿保持直立状态，双手相触形成一个弧形，然后从身体前边一直向上移动，直到胸前（二位），此时双手仍然为五指并拢状态。

第三拍至第四拍：双臂由之前停在胸前，开始向侧边移动打开，然后形成侧平举的姿势，此时双手仍然是五指并拢、掌心向下。

第五拍至第六拍：双臂再次转换位置，由之前的侧平举向上移动，直到形成上举姿势，双手掌心向外。

第七拍至第八拍：此时双臂从上举转换为平举，最终移动至身体的两侧。

图 4-3-29　第四个八拍

二、中老年垫上健美操

预备姿势：直角坐。

（一）头部运动

1. 第一个八拍（图 4-3-30）

第一拍至第二拍：头部向前屈，同时开始勾脚。

第三拍至第四拍：头部慢慢向后屈，同时开始绷脚。

第五拍至第六拍：头部向左侧屈，同时以踝关节为轴，两脚绷脚面向左打开。

第七拍：头部转而向右侧屈，这时候脚保持不动。

第八拍：头还原，两脚互相靠近，绷脚面。

图 4-3-30　第一个八拍

2. 第二个八拍（图 4-3-31）

第一拍至第二拍：保持直角坐姿势，然后左腿缓慢屈膝，左脚脚尖点地，同时头向左旋转 90°。

第三拍至第四拍：还原之前的直角坐撑姿势。

第五拍至第六拍：同第一拍至第二拍，但运动方向与之相反。

第七拍至第八拍：同第三拍至第四拍。

图 4-3-31　第二个八拍

3. 第三个八拍（图 4-3-32）

第一拍至第四拍：两腿缓慢屈膝，然后两脚尖点地，同时头部从左经后向右绕环一周。

第五拍至第八拍：将两腿缓慢伸直，绷脚面，同时头部从右经后向左绕环一周。

图 4-3-32　第三个八拍

4. 第四个八拍（图 4-3-33）

第一拍至第二拍：开始保持直角坐姿势，左右脚的姿势不同，左脚面勾，右脚面绷。

第三拍至第四拍：同第一拍至第二拍，但运动方向与之相反。

第五拍至第六拍：两脚以踝关节作为轴心，向外侧方向运动，绕环一周。

第七拍至第八拍：两脚以踝关节作为轴心，向内侧方向运动，绕环一周。

图 4-3-33　第四个八拍

（二）肩部运动

1. 第一个八拍（图 4-3-34）

第一拍至第二拍：左腿轻轻向上抬，与此同时，两肩向上提一次，两臂放于身体两侧，五指并拢。

第三拍至第四拍：两腿伸直，同时两肩上提一次。

第五拍至第六拍：两腿屈膝，然后两脚尖轻轻点地，两肩同时向前提，绕环一周。

第七拍至第八拍：两腿伸直，绷脚面，然后两肩同时向后提，绕环一周。

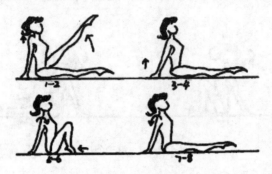

图 4-3-34　第一个八拍

2. 第二个八拍

同第一个八拍。

3. 第三个八拍（图 4-3-35）

第一拍至第二拍：保持直角坐姿势，两臂为侧平举的姿势，双手五指并拢，掌心向下，左腿开始弯曲屈膝，右肩内扣，右臂旋内，左肩外展，左臂外旋。

第三拍至第四拍：整个身体还原成之前直角坐的姿势。

第五拍至第六拍：同第一拍至第二拍，但运动方向与之相反。

第七拍至第八拍：同第三拍至第四拍。

图 4-3-35　第三个八拍

4. 第四个八拍

同第三个八拍。

（三）胸部运动

1. 第一个八拍（图 4-3-36）

第一拍至第二拍：左腿开始屈膝，然后左脚尖保持点地，同时右臂向前摆动直到保持前举的姿势，然后低头含胸。

第三拍至第四拍：整个身体还原成之前直角坐的姿势，抬起头部，挺起胸膛。

第五拍至第六拍：同第一拍至第二拍，但运动方向与之相反，此时应该换右腿屈膝。

第七拍至第八拍：同第三拍至第四拍。

图 4-3-36 第一个八拍

2. 第二个八拍（图 4-3-37）

第一拍至第二拍：左右腿开始弯曲，保持双腿屈膝的状态，同时两脚尖保持点地的姿势，同时双臂向前伸展，保持前举状态，低头含胸。

第三拍至第四拍：将整个身体还原成之前直角坐的姿势，抬头挺胸。

第五拍至第六拍：同第一拍至第二拍。

第七拍至第八拍：同第三拍至第四拍。

图 4-3-37 第二个八拍

3. 第三个八拍（图 4-3-38）

第一拍至第二拍：身体向左旋转 180°，然后成跪撑的姿势，两臂垂在身体两侧。

第三拍至第四拍：低头合胸，双臂向前伸展，呈现前平举并交叉的姿势，双手五指并拢，掌心向下。

第五拍至第八拍：抬头挺胸，收紧腹部，同时保持立腰，双臂向身体两侧用力后振，双手五指并拢，掌心向下。

图 4-3-38　第三个八拍

4.第四个八拍（图 4-3-39）

第一拍至第四拍：臀部坐在两脚跟上，同时抬头挺胸，上体前屈到胸部，尽量贴近大腿，双臂向体侧移动，保持侧平举的姿势，双手五指并拢，掌心向下。

第五拍至第八拍：此时为双腿跪、上体前屈至胸的姿势，然后拱背起，形成跪立的姿势，同时双臂由向下到向前再向上举，最后停留在身体两侧，形成侧举的姿势。

图 4-3-39　第四个八拍

5.第五个八拍（图 4-3-40）

第一拍至第二拍：上体仍然为前屈的姿势，左手向前伸直撑住地面，然后右臂作侧后上举姿势，抬起头部、挺起胸腔，双手五指并拢，掌心向下。

第三拍至第四拍：将整个身体还原成跪立的姿势，然后双臂向身体两侧移动，成侧举状态。

第五拍至第六拍：同第一拍至第二拍，但运动方向与之相反。

第七拍至第八拍：同第三拍至第四拍。

图 4-3-40　第五个八拍

6. 第六个八拍（图 4-3-41）

第一拍至第四拍：保持臀部后坐姿势，上体前屈，双手向前伸直，然后撑住地面，压肩、压胸两次。

第五拍至第六拍：保持跪撑的姿势，上身背部弯曲形成弓背的姿势，低头含胸。

第七拍至第八拍：腰部向下塌，挺胸抬头。

图 4-3-41　第六个八拍

（四）腰部运动

1. 第一个八拍（图 4-3-42）

第一拍至第二拍：整个身体向左转，然后此时成直角坐的姿势。

第三拍至第四拍：左右腿并在一起，然后双腿屈膝，并向右转，同时旋转臀部和腰部。

第五拍至第六拍：同第三拍至第四拍，但运动方向与之相反。

第七拍至第八拍：整个身体再还原成之前直角坐的姿势。

图 4-3-42　第一个八拍

2. 第二个八拍（图 4-3-43）

第一拍至第二拍：在直角坐的姿势基础上，左腿向上屈膝，左脚尖轻轻点地，然后上体向左旋转 90°，右臂保持胸前平屈的姿势，左臂保持侧平举的姿势，双手五指并拢，掌心向下。

第三拍至第四拍：将整个身体还原成直角坐的姿势，双臂向右摆动然后成前平举的状态，双手五指并拢，掌心向下。

第五拍至第六拍：右腿开始屈膝点地，然后上体向右转 90°，左臂在胸前保持平屈的姿势，右臂保持侧平举的姿势，双手五指并拢，掌心向下。

第七拍至第八拍：将整个身体还原成直角坐的姿势。

图 4-3-43　第二个八拍

3. 第三个八拍（图 4-3-44）

第一拍至第四拍：双臂在身体前侧绕过，然后向上举绕到身体侧面保持侧举的状态，同时上身保持抬头挺胸的状态。

第五拍至第八拍：此时上体保持前屈的状态，双臂经下开始向前移动，直到双手触到脚面，然后有弹性地下压两次，最后整个身体还原成之前直角坐的姿势。

图 4-3-44　第三个八拍

4. 第四个八拍（图 4-3-45）

第一拍至第四拍：将合并的双腿分开，抬起头部，挺起胸膛，收紧腹部，并且保持立腰，右手臂呈现上举的状态，左臂向前伸，上体向左侧振两次，双手五指并拢。

第五拍至第八拍：同第一拍至第四拍，但运动方向与之相反，最后一拍还原成直角坐的姿势。

图 4-3-45　第四个八拍

（五）腿部运动

1. 第一个八拍（图 4-3-46）

第一拍至第四拍：起初是直角坐的状态，然后右腿姿势不变，屈起左腿，同时左右手依次移动到胸前，开始抱左膝关节和小腿。

第五拍至第八拍：双手在胸前使劲儿向内抱拉左腿，随后左腿慢慢向前伸展，将身体还原成直角坐撑的姿势。

图 4-3-46 第一个八拍

2. 第二个八拍

同第一个八拍，但运动方向与之相反，换右腿做。

3. 第三个八拍（图 4-3-47）

第一拍至第四拍：左腿向内屈膝，然后右腿向内屈膝，左右两脚掌相对，形成盘腿坐的姿势，两手撑在两膝的内侧。

第五拍至第八拍：双手弹性向下压膝两次。

图 4-3-47 第三个八拍

4. 第四个八拍（图 4-3-48）

第一拍至第八拍：上体呈仰卧姿势，双臂垂在身体两侧，同时双腿并拢。

图 4-3-48 第四个八拍

5. 第五个八拍（图 4-3-49）

第一拍至第二拍：在之前仰卧的基础上，左腿向前踢。

第三拍至第四拍：此时将身体还原到之前仰卧的姿势。

第五拍至第六拍：同第一拍至第二拍，但换为右腿向前踢。

第七拍至第八拍：同第三拍至第四拍。

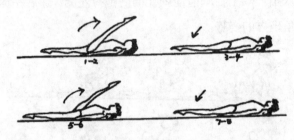

图 4-3-49　第五个八拍

6. 第六个八拍

同第五个八拍，但在最后一拍时，应是向右转 90° 呈右侧卧，此时左腿压在右腿上，同时，右臂屈肘以前臂撑地，左手在体前撑地。

7. 第七个八拍（图 4-3-50）

第一拍至第二拍：在前面右侧卧的基础上，左腿向侧踢。

第三拍至第四拍：将整个身体还原成侧卧的姿势。

第五拍至第八拍：同第一拍至第四拍，在最后一拍时，向左转体 180° 呈左侧卧。

图 4-3-50　第七个八拍

8. 第八个八拍

同第七个八拍，但运动方向与之相反，即应换右腿来做侧踢动作，在最后一拍时仰卧。

9. 第九个八拍（图 4-3-51）

第一拍至第二拍：仰卧，然后双腿屈膝，并稍微分开一些，双臂放置在身体两侧。

第三拍至第四拍：髋部向上挺起，臀部用力夹紧，保持住整个身体的平衡，两只手臂撑住地面。

第五拍至第六拍：同第三拍至第四拍。

第七拍至第八拍：将整个身体还原成之前屈膝仰卧的姿势。

图 4-3-51　第九个八拍

10. 第十个八拍（图 4-3-52）

第一拍至第二拍：初始保持屈膝仰卧的姿势，然后上体缓缓抬起。

第三拍至第四拍：上体缓缓向后仰，然后将整个身体还原成之前仰卧的姿势。

第五拍至第六拍：同第一拍至第二拍。

第七拍至第八拍：同第三拍至第四拍。

图 4-3-52　第十个八拍

11. 第十一个八拍（图 4-3-53）

第一拍至第八拍：在仰卧姿势的基础上，上体缓缓抬起，然后右腿屈膝，左腿前点地，最后转换成站立的姿势。

图 4-3-53　第十一个八拍

（六）跳跃运动

1. 第一个八拍（图 4-3-54）

第一拍至第四拍：开始时进行跳跃运动，双脚运用十字秧歌步，双臂自然摆动即可。

第五拍至第八拍：双手叉腰，右脚开始进行后踢腿小跳。

图 4-3-54　第一个八拍

2. 第二个八拍

同第一个八拍，但运动方向与之相反。

3. 第三个八拍（图 4-3-55）

第一拍至第四拍：先进行两次开合跳，然后双臂保持在侧平举的状态，双手五指并拢，掌心向下，在第四拍时，双臂垂在身体两侧。

第五拍至第八拍：双腿进行原地踏步，同时整个身子向左转体 360°。

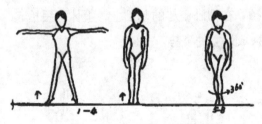

图 4-3-55　第三个八拍

4. 第四个八拍

同第三个八拍，但运动方向与之相反。

（七）整理运动

1. 第一个八拍（图 4-3-56）

第一拍至第二拍：双腿进行一次屈伸，双臂向前伸展，呈现出前平举的姿势，双手五指并拢，掌心向下。

第三拍至第四拍：双腿进行一次屈伸，双臂向侧边摆动，然后呈现出侧平举的状态，双手五指并拢，掌心向下。

第五拍至第八拍：双腿进行一次屈伸，双臂向内绕环一周，然后停止在身体两侧，此时仍然是双手五指并拢，掌心向下。

图 4-3-56　第一个八拍

2. 第二个八拍（图 4-3-57）

第一拍至第二拍：右脚保持姿势不变，左脚向前迈出一步，双臂向前伸展，呈现出前平举的姿势，双手此时五指并拢，掌心向对。

第三拍至第四拍：此时左脚姿势不变，然后右脚向前一步，双臂不断向上提升，然后形成上举，双手此时五指并拢，掌心向对。

第五拍至第六拍：此时右脚姿势不变，左脚向后退一步，双臂向侧边不断摆动，直到侧平举，此时双手仍然五指并拢，但掌心向上。

第七拍至第八拍：左脚与右脚并在一起，两臂垂于身体两侧。

图 4-3-57　第二个八拍

3. 第三个八拍（图 4-3-58）

第一拍至第二拍：双腿向前屈膝，两臂不断往体前移动，然后相遇开始交叉抖臂。

第三拍至第四拍：两腿不再保持屈膝状态，而是双腿伸直，双臂不断向上移动。形成上举状态,仍然不断交叉抖臂。

第五拍至第六拍:双臂下移,在胸前进行交叉,然后将拳头握起,开始锤打两肩两次。

第七拍至第八拍:将身体还原成身体直立的状态,两臂下垂在身体两侧。

图 4-3-58 第三个八拍

4. 第四个八拍(图 4-3-59)

第一拍至第二拍:右腿始终保持伸直状态,左腿屈膝抬起,然后双手握成拳头,开始锤打小腿两次。

第三拍至第四拍:左腿与右腿合并起来。

第五拍至第六拍:同第一拍至第二拍,但运动方向与之相反,应当换右腿。

第七拍至第八拍:同第三拍至第四拍。

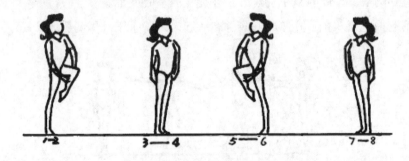

图 4-3-59 第四八拍

第五章 大众健美操教学拓展项目

大众健美操运动是我国全民健身计划的重要组成部分。大众健美操可以提升参与人员的身体素质与文化素养。本章为大众健美操教学拓展项目，主要包括四方面内容，啦啦操、搏击操、广场舞（健身操）、瑜伽健身术。

第一节 啦啦操

一、啦啦操的概念、起源与发展

（一）啦啦操的概念

啦啦操指的是运动员在音乐伴奏下，集体完成高难度、复杂的基本手位、舞蹈动作等内容，展现出高超的技巧，传递一种积极向上的活力气息，并且为了追求团队荣誉感的一项体育运动。

通常情况下，我们把与呐喊助威有关的文化活动都称为啦啦操，这些活动的特点就以是手持轻器械或徒手的动作和舞蹈为载体，以团体形式为比赛加油。啦啦操可以调节比赛的氛围，展现运动员朝气蓬勃的面貌，体现团队意识与集体主义精神。作为一种体育运动，啦啦操具有观赏性、表演性和竞技性。

（二）啦啦操的起源与发展

1. 国外啦啦操的起源与发展

啦啦操起源于部落，是早期的部落为了激励外出打猎或打仗的勇士们，希望他们凯旋而进行的一种仪式。仪式多为族人们手舞足蹈和欢呼的形式。啦啦操作为体育项目只有一百多年的历史，最早用于为美式足球加油助威，后来被美国职业篮球联赛推广开，并且在全球流行起来。

在第一届奥运会上，当时的观众为运动员加油，出现了形似啦啦操的初始形态。在 19 世纪 60 年代，当时英国的学生为比赛中的运动员加油呐喊；美国普林斯顿大学在 70 年代成立了历史上第一个啦啦队俱乐部；1898 年，美国明尼苏达州立大学为了给橄榄球队加油，该学校的约翰尼·坎贝尔（Johnny Campbell）与其他六名学生组成了世界上第一支啦啦队，而坎贝尔作为啦啦队队长也被称为"呼喊王""呐喊领袖"。

到了 20 世纪，啦啦操的表演形式开始多样化，喇叭筒被应用到啦啦操中。在一些学校中，啦啦操开始采用纸质的线球进行表演。女性是啦啦操中的重要成员，其地位不可替代。经过不断地发展，啦啦操中也不断地加入新的元素，如舞蹈、体操等。第一个啦啦操组织于 1948 年成立，名为国家啦啦操协会，简称 NCA，该组织由 52 个女生组成。为了使啦啦操组织成员能够投入到活动中，该组织创立了标语和口号，而且还设计了丝带和扣环；20 世纪 50 年代，一些学校开始开设啦啦操培训课程和培训班，以提升啦啦操队伍的能力；到了 20 世纪 70 年代，啦啦操开始为学校的足球和篮球之外的运动呐喊助威，哥伦比亚广播公司在 1978 年转播了校啦啦操评选赛事，这一举动使啦啦操项目在全美范围内传播，人们开始重视这项运动；到了 20 世纪 80 年代，啦啦操走出美国，传向世界，与此同时啦啦操减少了一些危险的动作来保护运动员的安全，并且建立了统一的标准。1984 年，英国成立了啦啦操协会，并在美国先进经验的影响下发展这项运动，使其在欧洲流行起来，并成为欧洲最大的啦啦操组织。欧洲的其他国家也成立了啦啦操协会来保障啦啦操健康发展，如德国、挪威、瑞士、瑞典、奥地利、卢森堡、斯洛文尼亚、芬兰等。1988 年，啦啦操传入日本，在其发展之初便成立了啦啦操协会，以促进其良好的发展。到了 20 世纪 90 年代，全明星队出现，成员为了在比赛上取得优异成绩，很小的时候就开始练习啦啦操和体操动作。1998 年，国际竞技啦啦队联合会成立，包含有美国、英国、日本、澳大利亚、俄罗斯等十余个国家。2001 年，第一届世界啦啦操锦标赛的举行，成为啦啦操正式晋升为世界性竞赛项目的标志。

啦啦操在短短的时间内传遍了世界各地，截至 2008 年，已经有至少 48 个国家和地区开展了啦啦操运动，参与啦啦操运动的人数高达 600 万，其中美国占了一半以上。

2. 中国啦啦操的起源与发展

啦啦操在中国的传播主要是通过观看美国篮球职业联赛的方式。啦啦操这项新兴体育运动在年轻人中颇受欢迎，很多比赛的中场表演都能看到啦啦操。自1998 年中国大学生篮球联赛诞生以来，啦啦操也在其中展现了大学生的竞技水平和精神风貌，成为比赛场上一道靓丽的风景线，拉开了啦啦操在国内的序幕。

我国 2001 年在广州首次举办全国性的啦啦操比赛——"统一冰红茶迎九运会全国首届高校动感啦啦操挑战赛"获得圆满成功，将我国大学生的健康、动感的精神面貌展现出来，让我国广大青少年享受到啦啦操的乐趣，使啦啦操运动风靡全国。

我国啦啦操运动动作内容是以 9~12 人进行徒手舞蹈或者使用花球、彩丝等道具进行舞蹈的表演。在啦啦操运动中，空翻动作和抛接动作是不被允许的。

我国啦啦操在起步阶段的内容与形式比较单一，发展至 2004 年，在啦啦操中融入多样化的音乐节拍、有节奏的口号、多元性的编排后，基本动作才有了改善。啦啦操运动同时也在向着正规化前进，一系列相关职业与标准，如专业教师、啦啦操规定套路和评判员认证系统相继出现。

2005 年，中国蹦床与技巧协会首次举办了啦啦操竞赛，在中国蹦床与技巧协会和中国大学生体育协会健美操艺术体操分会的带领下，啦啦操蓬勃地发展着。

第一届中国全明星啦啦操锦标赛在 2006 年于武汉举行，比赛的前六名队伍将代表我国出战 2007 年美国奥兰多 IASF 世界啦啦操大赛，在这项世界性大赛上，我国队伍获得了国际女生公开组第二名的好成绩。从此以后，我国的啦啦队频繁地在国际上出征，并取得了不错的成绩。

为推广、丰富健身活动内容，教育部体育卫生与艺术教育司于 2006 年联合推出了《系列校园青春健身操》（两套健身操、两套啦啦操），并在全国每年举行青少年校园青春健身操分区赛、总决赛等系列活动，至此，啦啦操运动得到了迅速的普及和推广。

2007 年 7 月，第 29 届奥运会组委会文化活动部与国家体育总局体操运动管理中心联合主办的"北京奥运体育展示现场表演啦啦操选拔赛"在全国展开，北京奥运会体育展示啦啦操志愿者表演团队将从其中选出，这项比赛吸引了各个年龄段的人参与其中，备受全国人民瞩目，将啦啦操在我国推向了高潮。当年 12 月，中国学生啦啦操艺术体操协会正式成立，同时啦啦操被列为体育竞赛内容，从此，啦啦操作为一项竞技体育在我国体育赛事中逐渐崛起。

在2009年举办的"健力宝亚运啦啦队全国选拔赛"有上千所高校的上万人参与，涉及全国20多个省和300多个城市，这体现了啦啦操运动在我国发展的迅猛之势。CCTV和啦啦操协会组织联手举办的"全国啦啦操宝贝选拔赛"在我国的10多个城市进行了初赛、复赛、决赛，在这项比赛中，高校大学生们的参赛人数、参赛面貌、技术动作、服装等方面都有着较高的水平，代表着啦啦操已经在大学生之间流行了起来。在2010年举办的"青岛啤酒杯炫舞青春全国啦啦宝贝选拔赛"中，参赛人员的动作技术等更上一层楼，可以发现啦啦操还有着很大的发展空间和前景。"全国啦啦操教练员、裁判员魔鬼训练营"在2011年开班，使啦啦操运动逐渐成为一种体育文化，并受到了世界各国的高度关注。

二、啦啦操的分类

我国啦啦操及啦啦队的分类方式繁多，分类方法也各不相同。按活动的目的分为竞技性啦啦操和表演性啦啦操；按表演形式分为徒手啦啦操和轻器械啦啦操；按动作性质分为技巧啦啦操和舞蹈啦啦操；按实施的场所分为场地啦啦操和看台啦啦操；按发展形式分为公益性啦啦操和非公益性啦啦操；按竞赛种类分为系列赛、冠军赛、全国锦标赛、大奖赛、全国体育大会啦啦操比赛等。目前，我国通常采用按活动目的分类的方法（图5-1-1）。

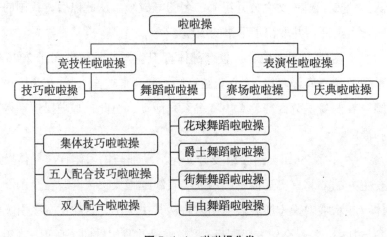

图 5-1-1　啦啦操分类

（一）竞技性啦啦操

竞技性啦啦操作为体育活动的主体，主要目的是参加竞技性比赛。竞技性啦啦操是参赛队员伴随着音乐，结合舞蹈元素，通过难度较高的啦啦操动作展现积极向上、青春活力的团队精神，并且追求团队荣誉的体育运动。

1. 舞蹈啦啦操

通常情况下，我们将舞蹈啦啦操认定为啦啦操运动员伴随着音乐伴奏，应用多元化的舞蹈元素的动作组合，辅以转体、跳步、平衡与柔韧等难度动作，再加上舞蹈的过渡连接技巧，以空间、方向与队形的变化表现出表演的舞蹈特点，强调速度、力度与运动负荷，展现运动舞蹈技能和团队精神的体育项目。

舞蹈啦啦操包括以下几种类型：

（1）花球舞蹈啦啦操

花球舞蹈啦啦操要求团队成员表演时，手持花球动作占成套动作的80％以上。花球舞蹈啦啦操的运动员表演时手持花球，应用基本手位、难度动作、个性舞蹈、舞蹈技巧等元素为观众呈现精准、利落的花球技术和运动舞蹈特征，让观众获得一种层次、队形不断变换等集体动作视觉效果。花球舞蹈啦啦操的特征为动作干净整洁，运动员在表演中对身体控制、移动十分平稳，肢体通过短暂加速、停止来展现啦啦操特有的力量感，同时通过动作的快速发力和强度凸显运动舞蹈的特征。

（2）爵士舞蹈啦啦操

爵士舞蹈啦啦操是在啦啦操的基础上融合爵士风格的舞蹈动作，在表演时，演员需要通过空间、方向与队形的变化和舞蹈难度动作、过渡动作进行运动负荷，来展现爵士舞蹈啦啦操运动员的舞蹈能力、团队协作能力和激情。爵士舞蹈啦啦操的特征主要为以松弛有度的动作展现舞蹈特征、肢体动作由内向外的延伸感、通过延伸制动实现爵士舞蹈啦啦操特有的力度感。

（3）街舞舞蹈啦啦操

街舞舞蹈啦啦操强调动作形式，以街头舞蹈风格的动作和形式出现，强调身体部位的律动。同时，街舞舞蹈啦啦操还强调音乐与动作的一致性，也可附加一定的强度动作，如不同跳步的变换及组合等。

街舞舞蹈啦啦操的特征主要为身体控制精确、动作干净利落，肢体的关节通过加速与停止实现力度感，以动作松弛有度的强度展现运动舞蹈的特征。

（4）自由舞蹈啦啦操

自由舞蹈啦啦操形式不同于上述三种舞蹈啦啦操，且这种舞蹈啦啦操是具有啦啦操舞蹈特征的其他风格特点、形式的运动舞蹈，同时还具有地域或者民族特色。

2. 技巧啦啦操

技巧啦啦操是指在音乐的伴奏下，以跳跃、托举、叠罗汉、筋斗、抛接和跳跃等技巧性难度动作为主要内容，配合口号、啦啦操基本手位、舞蹈动作及过渡连接等，充分展示运动员高超的技能技巧的团队竞赛项目，包含有翻腾、托举、抛接、金字塔等难度动作。

技巧啦啦操要求不像舞蹈啦啦操那么高，其中的技术动作较为随意，用力方向向下，而且音乐节奏需要快速、奔放、明亮，同时还要具有感染力和震撼感。

技巧啦啦操竞赛项目包括如下三种：

（1）集体技巧啦啦操

集体技巧啦啦操参赛人数通常为五人以上，在这项团队竞技项目中，表演者在音乐的伴奏下，以跳跃、翻腾、托举、抛接、金字塔组合等技巧性难度动作为主要内容，配合口号、啦啦操基本手位及舞蹈动作，充分展示运动员高超的技能技巧。

（2）五人配合技巧啦啦操

表演者在音乐的伴奏下，从托举、抛接两类难度动作为主要内容，充分利用多种上架、下架动作以及过渡连接动作进行空间转换、方向与造型的变化，展示五人组团队高超的技能技巧。

（3）双人配合啦啦操

在音乐的伴奏下，由两个人在规定时间（一分钟）内完成托举的动作。

（二）表演性啦啦操

表演性啦啦操作为活动的客体，主要目的是激励人心、振奋观众情绪、活跃赛场气氛、提升士气，使比赛更加精彩。表演性啦啦操可分为如下两类：

1. 赛场啦啦操

赛场啦啦操即人们常说的"场间啦啦操"，源于橄榄球比赛场边的呼喊，并伴随着橄榄球运动的流行而发展。

赛场啦啦操是为了使比赛更加精彩和激烈，这项运动可以鼓舞比赛运动员的士气、振奋运动员的情绪、提升观众的观感等。啦啦操在发展过程中不再仅仅只是在足球、篮球比赛中助兴，逐渐应用到越来越多的运动中。作为赛场文化的一个组成部分，高水平的赛场啦啦操具有很强的观赏性，同时又能使观众的比赛观感增强，提高体育比赛的精彩性。

2. 庆典啦啦操

庆典啦啦操是在各种庆祝活动、社区活动、开幕典礼、游行宣传以及慈善活动中进行的啦啦操表演，其目的是为各种庆典活动进行预热及烘托庆典气氛。

三、啦啦操的特点

啦啦操产生至今已有一百多年的历史。因其独特的技术风格和热情奔放的表演，受到了世界各国人民的青睐。不同于其他的运动体育项目，啦啦操的特点如下：

（一）啦啦操的技术特点

（1）啦啦操动作内容和形式较为丰富，没有固定的基本步伐，而且手臂动作都要按照 32 个基本手位的标准来完成。

（2）前臂是啦啦操上肢的发力点，手臂的 32 个基本手位均在肩关节前制动，制动时间短，发力速度快，制动之后没有延伸。身体控制精确，位置准确。

（3）啦啦操运动员在表演中膝关节微微弯曲，不完全伸直，这样重心较低，会保持重心相对稳定，在移动时较为平稳。

（4）啦啦操具有清晰的开始和结束，肢体动作干净利落，弧线动作蜿蜒，直线动作干脆，欣赏价值和艺术价值较高。

（5）啦啦操具有多样化的队形变化，三维空间高低起伏突出，对于场地空间的利用十分充分。

（6）啦啦操音乐风格不拘一格，有快有慢，强弱有别。

（7）啦啦操服装款式多样。

（二）啦啦操的团队特点

啦啦操是一项团体运动，与个人运动最大的不同就是要发挥团队精神。作为一项特殊的集体运动项目，啦啦操的人数并没有严格的要求，一般由 6~30 运动员构成。啦啦操需要每个运动员参与进来，基于自身能力与其他成员进行合作，从而完成相关动作，如翻腾、托举、金字塔等。每个运动员在整套动作中都是十分重要的，扮演着不可替代的角色。啦啦操强调整个团队完成动作的高度一致性，这种一致性包括口号、动作和难度动作配合等方面。啦啦操可以激励运动员的斗志，营造相互信任和积极向上的氛围，形成良好的凝聚力、团队荣誉感和团队精神。

完美的啦啦操演出可能需要啦啦队成员们经过成千上万次的练习而达成的，啦啦操具有的团队特点也会对啦啦操运动员产生一定的影响。经过啦啦操项目的专业训练，队员之间不仅能够在训练、比赛时积极发挥各自的作用，通过团队协作取得表演或比赛的胜利，还可以将这种集体精神迁移到日常生活、工作、学习等方面，而这种集体精神是人们踏入社会、走向成功的基石。

（三）啦啦操的文化特点

啦啦操运动的发展逐渐形成了啦啦操文化。作为一种体育文化，啦啦操旨在展现运动员积极向上的青春活力和合作意识、团队精神，其文化特点展现在啦啦队口号、啦啦队吉祥物、啦啦操运动与传统文化、啦啦队运动与校园体育文化等方面。

1. 啦啦队口号

不同于其他运动，啦啦操这项运动并不需要时间和分数的竞争，同样也不需要激烈的身体对抗，而是要通过啦啦操队员的热情表演吸引观众。口号是除了基本动作、技术技巧外能够提升队员情绪和士气、传达精神的具有独特意义的工具。

啦啦操运动最早是为比赛加油助威产生的，并且产生之初就伴随着口号。世界上第一句啦啦操口号是："Rah，Rah，Rah！ Sku—u—mar，Hoo—Rah！Hoo—Rah！ Varsity！ Varsity！ Varsivy，Minn—e—so—ta！"，这是在 1898 年美国明尼苏达州立大学的冬季橄榄球赛上，由约翰尼·坎贝尔喊出，并从此揭开了啦啦队口号发展的序幕。

通常情况下，啦啦队口号由一些号召性语言组成，如具有特殊意义的字、词或短句子组成几句话，这些词语和句子多数来源于本队名称、大会和比赛主题等。啦啦队口号具有号召性、针对性、提示性、鼓动性、激励性、宣传性等特征。生动、简明扼要的啦啦队口号可以表达啦啦队的主题思想，从而鼓舞士气、振奋人心。

啦啦操比赛中对口号也有固定要求：技巧啦啦操成套动作创编内容中要求有30秒口号组合；舞蹈啦啦操要求在啦啦操成套动作中，除了 20×8 拍的规定动作外，还有 4×8 拍的自选动作编排和 4×8 拍的口号设计。

啦啦队口号对现场的鼓动也有具体的要求：口号使用有激励性和互动性的语言，内容必须健康、文明、积极向上；全队人员共同参与，与赛场观众互动，形成场上场下呼应的效果；口号与动作相结合，配合队旗、吉祥物、标志牌等道具与赛场观众互动。

2. 啦啦队吉祥物

通常情况下，每一支队伍都会有一个吉祥物，吉祥物一般具有本地队伍或者本地的特色，一般是一种动物。无论是在篮球比赛、足球比赛等体育赛事中，还是各种盛会的开幕式、闭幕式中，吉祥物都会与啦啦队同时进行表演，二者的表演是相辅相成的。吉祥物由于其本身具有夸张的造型，因此可以吸引观众们的注意力，这样可以使现场气氛活络起来。啦啦队吉祥物不仅是啦啦操文化传播的重要载体，同时也是这项运动参赛队伍形象特征的主要成分。

3. 啦啦操运动与传统文化

啦啦操形式多样、内容丰富，在某一地的发展常常与当地的传统文化有关，在我国也是如此，我国的啦啦操运动就将传统文化完美地融入这项体育运动中。在北京奥运会中，我国啦啦操不仅有机械舞和街舞元素融入其中，而且还包含了我国优秀传统文化，如杂技、长绸舞、水袖舞、剑舞等。不仅如此，在啦啦操的配乐中也融入了传统文化，如武术等元素，配合上富有中国传统特色的舞蹈，形成独具一格的既符合现代审美，又融合传统义化的啦啦操。

4. 啦啦队运动与校园体育文化

大学是啦啦队运动得以蓬勃发展的沃土，啦啦队运动以学校为发展阵地并非偶然，这与该运动本身的要求和高等院校的特点相吻合。在大学发展啦啦操有着得天独厚的优势，因为大学可以为其提供广阔的平台。大学的学生普遍都具有青春气息，组织性和纪律性较强，这些特点与啦啦操所追求的团队精神与积极向上的进取精神不谋而合。啦啦操在高校这片肥沃的土壤中迅速发展，同时校园体育文化也影响着啦啦操运动的发展，大学生的各项体育赛事也为啦啦操提供了丰富的表演舞台。

第二节　搏击操

一、搏击操的概念、起源与发展

（一）搏击操的概念

搏击操是有氧运动（Aerobics）的一项重要创新，它遵循健美操最新编排方法，融合了跆拳道、太极、散打、拳击、泰拳等运动的动作，是一种随强力的音乐节拍而运动的锻炼身体的方式。作为一种有氧操，搏击操是由欧洲的职业健身操运动员和搏击选手最先提出的，其具体形式就是融合一些功夫，如空手道、拳击等，在风格强劲的音乐下进行的健身操。

搏击操是在有氧健美操的基础上融入了音乐、舞蹈、拳击、跆拳道的技术而形成的一种有氧操，动作有各种踢腿、刺拳、冲拳、勾拳等。搏击操是有氧健美操和拳击的升级，其不仅可以保持身体健康、提升肌肉的协调性和柔韧性，还可以提升练习者的自信心。搏击操的教练可以来自拳击教练，也可以来自有氧健美操教练。目前，搏击操在俱乐部的发展较好，而其他领域发展相对较慢。

（二）搏击操的起源与发展

美国是搏击操的发源地。有氧搏击操（kickboxing）融合了拳击、跆拳道等，是一项风格独特的有氧运动。搏击操是一种有效的"瘦身"运动，因为其爆发力强、动作幅度大，同时运动量比健美操要多得多，所以搏击操可以消耗大量的能量，特别适合当代体脂过多的年轻人。

搏击操的训练可以使人精力旺盛，身体具有爆发力，还可以建立起训练者的自信。与此同时，搏击操由于招式舒展，令人赏心悦目，所以观赏价值很高。学习搏击操的训练者经过系统的训练后，腹部的脂肪会逐渐消失，变得十分结实，同时做出的动作都十分有力。

散打是搏击操的主要组成部分，由于不是所有人都适应散打的动作，因此搏击操在传入我国后，被加入了一些武术动作来代替散打。一些学者将改变后的搏击操称为武术健身操，因为其可以看作是在音乐伴奏下完成的成套的武术动作。通常来说，搏击操的腿部动作参考跆拳道的腿部动作，手臂动作参考拳击的手臂动作，将二者融为一体，同时还加入地方特有的武术，由此也发展出了太极搏击操和泰拳搏击操等特色搏击操。武术的本质是其具有攻防性。但不管怎样改变，也离不开外练拳脚，内练精神意志的武术思想，这就是武术攻防技术性的体现。由于搏击操可以健身塑体、燃烧脂肪、增强肌肉力量、改善身体柔韧性、调节情绪，备受广大城市青年的青睐。

在 2000 年 10 月，北京的月坛天行健身会开始推行搏击操。后来，搏击操逐渐在全国的各大健身馆流行起来。我国政府也逐渐重视起搏击操的发展，《舞蹈与健美操》这一由教育部编制的高校体育教材将搏击操纳入健美操的范畴。在国家和教育部的带领下，各大高校纷纷在体育专业开设搏击操这一课程，并且创编搏击操，被大学生接受和喜爱。与啦啦操类似，搏击操同样可以起到娱乐和表演的作用，如由中国体操协会和国家体育总局体操管理中心在 2002 年举办的“全国健身俱乐部健美操电视大赛”出现搏击操比赛人员，这在当时成为一大热点。

在搏击操中随着强有力的音乐而进行如打拳、踹腿等动作，并伴随着吼叫和嘶吼，可以让练习者尽情地宣泄。搏击操符合身心发展规律，其动作由简单到复杂，由慢速到快速。练习者在训练三四分钟后，心率会达到 170~180 次 / 分。训练者的搏击操动作成熟之后，如果对着镜子进行训练，那么可以发现每个动作都十分舒展，给自己和他人带来赏心悦目的感觉。搏击操训练可以提升练习者的力量与精力，而且可以释放情绪，受到年轻人的喜爱。在练习搏击操的同时也可以减掉身上的脂肪，所以搏击操在当前的健身场所广受追捧。

二、搏击操的特点

与普通的健美操、体育训练等不同的是，搏击操要求每个动作都要从全身发力，做到“势如闪电”，这是搏击操重视肌肉爆发力的表现。搏击操可以塑造练习者的肌肉，提升其心肺能力。搏击操具有如下特点：

（一）科学性

搏击操是一种特殊的有氧运动，其编排方法严格遵守着有氧健身操的要求。有氧运动作为科学的训练方式，可以促进人体的循环系统更加健康，从而提升心肺功能，减去脂肪，塑造身形。

（二）全面性

全面性是搏击操的一大特点。虽然搏击操的动作较为简单，但是由于练习时需要整个身体动起来，综合躯干、手臂、腿法、步伐，使全身参与到训练中，而且需要身体协调动作，所以搏击操能很好地锻炼身体的各个部位，实现全面锻炼。

（三）简易性

搏击操简单易学。在音乐使用方面，搏击操一般使用迪斯科（disco）音乐，这种音乐速度偏快、较易分辨，搏击操相对于传统的韵律操对节奏要求不高。同时，搏击操的动作不像搏击项目那样要求很高，是经过简化的直观动作，所以搏击操与搏击动作相比较为简易。

（四）广泛性

前文提到，搏击操中包含跆拳道、太极、散打、拳击、泰拳等运动的动作和一些舞蹈动作，因此具有这些运动基础和舞蹈基础的人都可以比较容易地上手搏击操。在健身中，搏击操的老师也可以由健美操和搏击操教练来担任。另外，不需要器械的搏击操方便练习者在多种场合下进行锻炼，便于这项运动的传播和开展。

（五）安全性

搏击操作为一项有氧运动，具有较强的安全性。多数搏击操在编排时强度并不是很大，练习者可以控制练习强度。与搏击项目相比，搏击操并没有对抗性，其虽然加入了搏斗相关元素，但是只有想象中的目标，其动作选择以对身体健康和避免伤害为原则。

（六）娱乐性

搏击操具有娱乐性。教练带领锻炼者在音乐下进行整齐的动作，同时伴随着呐喊声，在活跃的课堂中，使原本艰难的锻炼过程变得轻松愉快，使锻炼成为一种娱乐。

三、搏击操的功能

（一）消耗大量热量

搏击操运动幅度大，爆发力强，在中等强度下的长时间运动中，运动量比较大，所以血糖与脂肪这些能源物质就起着至关重要的作用，是长时间的有氧运动提供不可或缺的资源。搏击操有助于身体脂肪多的人进行减脂，是非常有效的一项减脂运动。

（二）增强肌肉的柔韧性、力量和弹性

在练习搏击操时，练习者要发力迅猛，但收缩时放松、自然、快捷，这样可以增强肌肉的力量与弹性，提高身体的反应速度。搏击操还注重踢腿动作练习，对提高下肢的柔韧性也非常有效。

（三）增强了腰腹的锻炼效果

腰腹力量在搏击操中十分重要，搏击操的拳和脚都是需要腰腹提供力量。可以说腰腹动作是贯穿于整个练习之中，腰腹肌肉在大量的腰部扭转与腹部收缩的动作中得以反复收缩，所以锻炼者的腰腹会变得平坦紧实。

（四）调节情绪、放松精神、增强自信心

搏击操的训练一般是在音乐的伴随下进行的，音乐不但可以提升搏击操的活力，还可以使各种动作充满青春朝气。在音乐的烘托下，练习者欢快地进行锻炼，不但可以放松心情，消除紧张情绪，还可以增强学习的自信心，保持心情愉快，不易疲劳。

（五）防身功能

如果关掉搏击操的音乐，同时加快动作，那么搏击操就可以看作是一种实用的防身术，这套完整的防身术在一些情况下可以起到非常重要的作用。

综上所述，搏击操具有独有的动作特点，这使其不仅具备极高的观赏价值，同时也可有效地促进肌肉力量和身体柔韧性的快速增长，促进血液循环，增大摄氧量。在练习健身操的过程中，通过肌肉反复的收缩和伸展，可以增强肌肉的弹性和关节的灵活性，有效地减少了外伤的可能性。最后通过舒展、放松肌肉的练

习活动，不但可以调整呼吸使身体放松，而且能使身体越加挺拔、修长，缓解身心压力，十分适合现代青年的生活节奏。

目前，国内研究搏击操的相关研究还处于起步阶段，数量较少，不够完善，因此，需要在理论方面做更深一步的研究。研究搏击操理论与实践，可以帮助搏击操更好地应用于高校体育教学，提升学生的身心健康，增强学校体育教学的效果。学生学习搏击操可以重塑学生体形，全方位提高学生的身体素质。同时，健身操不但可以减掉脂肪，还可以增加肌肉，从而实现形体美。

第三节　广场舞（健身操）

一、广场舞的概念、起源与发展

（一）广场舞的概念

顾名思义，广场舞因多在广场聚集而得名，其目的主要是健身。广场舞不但具有自娱性，同时也具有表演性，其表演形式多为集体舞，包括水兵舞、坝坝舞、佳木斯舞步等。广场舞通常是在高音量、节奏感强的音乐下由居民自发地以健身为目的在广场、院坝等开敞空间上进行的富有韵律的舞蹈。广场舞的参与者与其他健美操有所不同，多是中老年人，以妇女居多。广场舞在公共场所由群众自发组织，由非专业舞者创造的舞蹈，由于地区不同、文化不同，还有其他多方面的影响，使广场舞在多数情况下的内容与形式也不同。

广场舞是属于大众的舞蹈，多数人认为广场舞就是民间舞，这种说法具有一定的局限性。广场舞代表的不仅仅只是一个舞种，只是民间舞在广场舞所占比例、分量比较多而已，其表演形式和结构特征与民间舞并不相同，广场舞有自己的表演形式和结构特征。当今的广场舞包括排舞、拉丁舞、踢踏舞、街舞、健美操、有氧拉丁，也有民族舞、民间舞、芭蕾舞、现代舞等，形式更加多样。

有学者认为广场舞就是一种健身舞蹈，作者不认同这种说法。本书将广场舞定义为所有舞蹈的一个融合体，具有健身的功效，但又有略微的不同，比如健身舞蹈操化类的动作比较多，讲究的是左右平衡、力量强劲，而广场舞融入了很多舞种的元素，有富有力量的简单健美操，也有较为抒情的民族民间舞蹈，还有热情的拉丁风味……舞蹈的音乐讲究的是柔美与情节的讲述，而广场舞则是欢快简单的音乐与动作组合而成，没有情节，也无法讲述故事，更多的是具有健身的功能。

综上所述，在本书中，作者认为广场舞不应该指向某一种或者某一类舞蹈，而是一种集健身与舞蹈为一体，配以富有节奏的音乐，适合在广场、公园、社区等宽敞地开展的群众性健身舞蹈活动。中国的广场舞以其不受场地、人数、时间的限制，简单易学，且具有健身功效的特点，非常符合当前我国大众文化体育的要求。

（二）广场舞的起源与发展

舞蹈是人类最早的艺术之一。所有的舞蹈都来源于"广场舞"，这是由于广场舞产生在人们生活之中、产生在人民群众之中，群众不仅是广场舞的表演者，也是广场舞的创造者。最早的广场舞是统治阶级用来进行宗教祭祀的一种形式和手段，是原始生活和古代社会最为平常的智力活动之一。

1840—1949 年，频繁大规模的农民战争使武术成为广大群众强身健体、除暴安良，乃至保卫国家的重要手段。晚清时期，各地民间均有舞龙活动，其中最负盛名的是苏州胥门外的百花洲龙灯队，他们平日刻苦操练，练就了一手舞龙绝技，既能跳舞于地势崎岖之处，又能在周转余地甚小的舞台上表演，形成十多种套路，能连续跳舞行进两里多路。与此同时，南方舞狮活动也尤为盛行，如在福建闽中一带，民间广泛流行有单人舞狮、双人舞狮，以及多人舞狮的活动。

1951 年，中华人民共和国公布第一套广播体操，它的出台推动了我国群众体育的广泛开展，很快全国各地掀起了广播体操的热潮，很多城市成立了广播体操推行委员会。据 20 世纪 80 年代末统计，全国各地有 30 万个晨练、晚练、辅导站，沈阳、长春等地的大秧歌队，每天早晚活跃在街头和广场，体育锻炼内容不断向趣味性浓、组织方便、易学易练、锻炼效果好、比较安全的项目发展。1999 年，中央一套推出《闻鸡起舞》栏目，将健身手段融入舞蹈元素，随后又推出《秧歌》《民族韵律操》《拉丁》等一系列的健身节目。2017 年 11 月 13 日，体育总局发布《关于进一步规范广场舞健身活动的通知》。2022 年 4 月 6 日，中国文化馆协会发出征稿通知，启动《广场舞文化发展报告（2022）》编辑工作，并计划于年内正式出版发行。这是继《广场舞文化发展报告（2017）》之后出版的第二本广场舞文化发展的"蓝皮书"。

二、广场舞的分类

广场舞具有自娱性、自发性、集体性等特点，主题欢快，简单易学，强调参与性，适应人群广。此外，广场舞突出了舞蹈与身体健康调养之间的关系，如中老年人常见的手臂、肩部关节、颈椎、腰椎、膝盖等，均可通过舞蹈动作给予特殊的照顾。广场舞作为群众体育对"全民健身计划纲要"实施的新项目，它加快了体育的生活化与普遍化。目前，中国经常参加体育锻炼的人数在不断地增加，人们的体育生活质量也在不断地提高。广场舞蹈的内容非常丰富多彩，从现有的表现形式来说，可以分为五个大类别。

（一）原生态广场舞

原生态广场舞在广场上跳舞的人数最多的类别，占主要的部分。其中一大部分是在农村。这样的表演一般都在正月十五闹元宵时出现，主要表现是自己主动组织，这里主要是指汉族。少数民族的原生态广场舞主要反映在生活的各个方面。

（二）加工整理的广场民间舞

加工整理的广场民间舞是在原生态舞蹈的基础上，再加以整理创新的一类民间舞蹈。来自民间的这种广场舞历史并不是很长，如陕北的新秧歌，至今只有60多年的历史，发展到现在，在保留了最本质以及原生态的东西的同时，也逐步成了新的当代舞蹈。

（三）创作的新广场舞

创作的新广场舞内容丰富，形式非常多。在创作中，更不能完全脱离广场舞的特征。创作广场舞可以利用各种舞蹈种类与其特性。创作面目一新的音乐与舞蹈，编导可自由发挥和想象。但是最后还是不能离开广场舞本身的特点。创作新的广场舞对传统民间广场舞有着很好的推动作用，如20世纪90年代初就出现过很多民间广场舞。

（四）踏歌广场舞

踏歌广场舞是近几年非常流行的一种中老年极度热爱的广场舞。踏歌广场舞的全称是：紫蝶踏歌广场舞。随着音乐高低的节奏而有序地踏出自由的舞步，是一套在网络、民间广泛流行的广场健身舞蹈。此舞蹈简洁明了，柔美舒缓，非常适合老年人练习并且可以锻炼身心。

（五）即兴广场舞

即兴广场舞是现代民间舞蹈，没有正式的计划，随着音乐不需要统一行动，统一组织。行动的时候并不需要练习与区分，只要有音乐，每个人都可以跳，可以编。适应的范围非常广，任何一个人都可以随时离开现场，是真正意义上的全民健身运动。

建设和谐社会城市和建立公众健康生活方式特别需要广场舞的普及。现在农村劳动力进入城市的人口持续上升，每天晚上，无论农民工还是本地的人民群众，大家都不约而同地聚在广场上，共同享受这广场舞给大家带来的身体与心灵的享受。广场舞能起到强身健体的作用，还使城市的空余休闲生活变得更加的丰富多彩，为健康生活注入了新鲜的活力。广场舞可以为人们提供谈笑聚会的场所，帮助人们营造出温馨的交流氛围。

广场舞的不断发展，适应了体育"十二五"规划的落实，更快地让全民健身计划更好地去开展，更好满足广大健身群众的需要，广场舞的独特的健身方式、广泛的群众基础，推动了全民健身计划的实施。它简单易学，音乐节奏感强的特点引起了广大群众们的热爱。让人们的空余时间有了感兴趣的事情，从而更好地推动了全国人民健身计划的实施与发展。

自从广场舞盛行以来，慢慢地得到了中老年人的喜爱。老年人退休后，生活需要一些"调味剂"，广场舞正好可以帮助他们来排解心中的孤独与寂寞，还能锻炼身体与身心，有效地调控老龄化的发展。

改革开放以来，随着中国城市经济的不断快速发展，越来越多的城市注重城市风格和城市文明的建设，广场体育、文化公园的出现，已经成为一种独特的城市文化形象。广大市民在广场上开展各类群众体育和文化活动，广场舞将扎根在这片肥沃的土地。从社会生活来看，广大人民群众去参加的广场舞，成为城市文化生活中不能缺少的一部分。广场舞吸引着广大人民群众积极地加入，并迅速成为广场文化活动的重要形式。

三、广场舞的特征和作用

（一）广场舞的特征

1. 群众性及灵活性

广场舞的场地可大可小，音乐可长可短，人数可多可少。在公园、在广场，一个简单的音响，几首简单欢快的音乐，少则十几人，多则上百人参与活动，场面热闹红火。

2. 形式多样性

广场舞的内容丰富多样，多以欢快热情的音乐相伴，有民间舞、古典舞、拉丁舞、健美操等，动作简单，形式多样。

3. 开放性和直接性

广场舞的表演不拘于形式，观众可随时加入锻炼的行列当中来，跟随音乐模仿表演者的动作，也可以在中间休息时与表演者交流学习，指导动作，寻找音乐节奏。广场舞是在观众中表演，演员和观众可以直接交流，观众可以作为演员，演员也可以作为观众，舞台与观众一体，观众与演员一片，融为一体。

（二）广场舞的作用

1. 强身健体

广场舞能够促进人的新陈代谢，通过不断的舞蹈动作消除大脑的紧张情绪以及身体的疲劳。有规律地参加广场舞锻炼能够增强体质，改良心血管和呼吸系统的功能，改善心肺功能，加速新陈代谢过程，促进消化，减少肠胃疾病，增进健康，延缓衰退，从而达到增强体质，提高人体免疫力的效果。

2. 调节心理

广场舞可以肆意地抒发自己的情绪，不用一直保持紧张的状态，所以跳舞的时候可以缓解心理压力，消除紧张情绪，让人感到身心愉快，给美好的生活增添色彩。

3. 修身塑形、提升大众美感

作为一种有氧运动，广场舞在长期的坚持下可以减掉人体多余的脂肪，修身塑形。不仅如此，在心理方面，广场舞也有着重要的作用，广场舞需要将自己的情感投入其中，以提升身体美、心灵美。同时长时间广场舞锻炼可以提高人的协调能力，使全身的肌肉都得到锻炼。

广场舞锻炼是在优美的音乐旋律中进行的，把感情注入其中，达到舞蹈与心灵的合一，塑造各种美妙的身姿、造型。充分体现出体育与艺术、健与力高度结合，给人们艺术陶冶和美的享受。因此，长期参加广场舞锻炼可以塑造健康的身姿，提高人的协调能力，锻炼肌肉群，让人体匀称，具有好的身体形态。另外，长时间的广场舞锻炼可增加骨骼密度，尤其是中老年人通过广场舞的锻炼可以预防骨质疏松病的发生，同时对修身塑形也具有很好的作用。

第四节　瑜伽健身术

一、瑜伽健身术的概念与起源、发展

（一）瑜伽健身术的概念

瑜伽健身术用健身修饰瑜伽，其目的为使身体健康，也符合体育运动的基本目标。与此同时，用瑜伽来达到健身，将健身方式限定为以瑜伽为手段，这就决定了瑜伽与体育运动间的密切关系及相互取舍的基本原则。瑜伽中的呼吸、冥想、体位与放松等运动形式被瑜伽运动继承了下来，形成了独特的体育运动形式。可以说，这是瑜伽健身术成为一种新兴的体育运动项目的基本依据，同样也是瑜伽健身术区别于其他运动项目的根本。

（二）瑜伽健身术的起源与发展

古印度是瑜伽的发源地。瑜伽是印度古典梵文"yoga"的音译。据考究，其最早出现在原始瑜伽时期（前3000—前1800）的印度古代典籍《梨俱吠陀》，瑜伽在原始瑜伽时期与原始巫术、远古神话紧密相连。发展到前古典瑜伽和古典瑜伽时期（前1800—200）后，瑜伽在《奥义书》和《摩诃婆罗多》中与原始巫术、远古神话的关系被分离，"梵我合一"这一思想就出自这一时期。到了后古典瑜伽时期（200—1900），在精神文化方面，瑜伽信奉不同的哲学观和宗教信仰，同时传向其他国家。在现代瑜伽时期（1900至今），瑜伽逐渐走向大众，不再依托巫术与神话，从一种十分神秘的修行方式变为被群众广受好评的大众健身方式，在全世界范围内流传。印度瑜伽大师B.K.S艾扬格（B.K.S.Iyengar）在1966年出版了"西方人通向东方古老健康之路的捷径"——《瑜伽之光》，这一书籍向人们介绍了系统的瑜伽修炼方法，被译为19种文字在全世界畅销，这是现代瑜伽诞生的标志。现如今，瑜伽已经风靡全球，被视为时尚与健身的代名词。

瑜伽在我国的发展可以追溯到西汉年间，在当时以佛教典藏为依托而出现，如唐玄奘翻译的《瑜伽师地论》等。在1985年，中央电视台的《跟蕙兰练瑜伽》在黄金档播出，引领了瑜伽在我国流行的风潮。进入21世纪后，随着人们生活水平越来越高，人们对美好生活的需求也急需被满足，此时瑜伽以健身的形式开始在我国传播，瑜伽健身场所的出现、健身房瑜伽练习人数增多、学校开设瑜伽课程、体育师范院校培养瑜伽专业教师等使瑜伽练习的人遍布全国。随着全球化的进程加快，世界上各个国家在政治、经济贸易、文化交流、人口资源、网络信息、生态环境、金融投资等领域相互影响，相互依存，彼此之间的联系进一步增强。

二、瑜伽健身术的特点

瑜伽健身术作为一项种类丰富、动静结合、修身养性、老幼皆宜的项目，有着自身的特点。

（一）动作特点：动静结合、刚柔相济、舒展优雅

瑜伽传统动作的起源是自然万物。在古印度，当时的瑜伽修炼者挑战身体极限和残酷的自然环境，在大自然中修炼身心，同时观察自然中的生物与现象。这些修炼者发现一些动物具有放松、睡眠、保持清醒和治疗的本领，在患病时不经治疗就能够自己痊愈，他们对这些动物的动作进行观察和研究，模仿并亲自体验它们的呼吸、进食、排泄、休息等生存方式，从而创立了能够适应自然、治疗疾病的锻炼姿势。眼镜蛇式、云雀式、猫伸展式、骆驼式这些都是瑜伽的锻炼姿势，

它们的一大特点都是以动物为名。到了近代后，瑜伽健身术脱胎于瑜伽独立发展，其中有着更为科学的元素和人们对于美的追求，这些使瑜伽的动作显得流畅自然，实现既优美典雅，又具有力量感，古朴与时尚相统一，动静结合、刚柔相济、安全有效的效果。

（二）理念特点：怡情养性、身心兼修

瑜伽健身术有调心的冥想法、调息的呼吸法、调身的体位法等练习方法。对饮食方面还有要求，瑜伽健身术推崇练习者多吃水果、蔬菜、牛奶、豆类制品、谷物等食物，同时还认为多吃素食可以使人精力充沛。这一饮食哲学在一定程度上引导人们建立科学、健康、合理的饮食习惯。瑜伽健身术被人们追捧的原因是其具有怡情养性、身心兼修的理念特点。

（三）分类特点：种类丰富、形式多样

古老的印度瑜伽分为四类，分别为求道致和的智瑜伽、奋发有为的业瑜伽、虔敬不疑的信瑜伽和专诚精进的王瑜伽四类，这与我们现代的瑜伽健身术有着很大的不同。瑜伽健身术基于现代人的生活方式、身体需要和锻炼方法、目标，形成了科学的、符合人类需求的动作种类，如有能够塑造健美形体、培养优雅气质的舞韵瑜伽；有以排毒消脂、瘦身减肥为主要目的的热瑜伽；有注重心灵交流、分享互助情感的双人瑜伽；有侧重放松身心、缓解压力的理疗瑜伽；另外还有水中瑜伽、空中瑜伽、桨板瑜伽等。瑜伽健身术的内容多样、形式丰富，避免了动作单调和枯燥，符合大多数需要健身人群的要求。不同的人们可以按需来选择不同的瑜伽课程，从而进行针对性训练。丰富的种类、多样的形式为其注入新鲜的活力。

（四）入门特点：男女老幼皆宜

瑜伽健身术是一项受场地制约小的强度适宜、安全可控、负荷适度的有氧运动。瑜伽健身术的原则是强调适度、适己、顺其自然，瑜伽练习需要循序渐进，在选择练习内容与练习强度时，需要正确地看待地身体情况，不能超过自己身体的极限，也不需要和他人攀比，选择最适合自身的练习方式和内容。从这一点可以看出瑜伽健身术的门槛比较低，不论哪个年龄的练习者，不管其基础如何，都

可以选择瑜伽健身术，循序渐进、逐步提升、持之以恒。所以，越来越多的中老年人踏入瑜伽健身术这个圈子，被瑜伽健身术的特点所吸引。值得注意的是，由于瑜伽受场地制约小，所以人们可以随时随地进行瑜伽健身术的训练，如在卧室、阳台、公园等，无论是悠闲的老年人还是匆忙的上班族，都可以选择合适的地点进行瑜伽健身术的练习。因此，瑜伽健身术是一种男女老幼皆宜的大众健身方式。

三、瑜伽健身术运动的价值

瑜伽健身术的价值多样，如通过对身体的伸、拉、挤、压、拧，来使人体舒展、器官得到调理、机能代谢得到改善；通过练习冥想呼吸，改善情绪、调节心情，达到身体、精神与心智的平衡；通过瑜伽健身术所倡导的生活方式与练习原则，使人正确对待外界环境不良因素产生的消极作用和自身的负面情绪，从而培养冷静客观的良好心态和自信的生活态度。

（一）健美价值

人们都希望有强健的体魄、挺拔的身姿和优雅的气质，而瑜伽健身术是达成这一系列目标的重要手段。

1. 减肥纤体

通过练习瑜伽健身术，可以减掉身上多余的肥肉和脂肪，从而达到瘦身和减重的效果。

2. 健美塑性

通过练习瑜伽健身术，可以改善肌肉线条，增强肌肉的力量，塑造出挺拔的身形，从而给人一种形体美。

3. 提升气质

通过练习瑜伽健身术，可以提升身体的容忍度、平衡感和灵活性，而且可以改善身形，纠正不良的体态，如驼背、斜肩等，从而使人保持良好的体态，由内而外地提升气质。

（二）健身价值

亚健康已经成为现代人身上频出的问题，年轻人身体亚健康的人数越来越多，情况不容乐观。通过锻炼可以强身健体，从而使人们拥有健康的体魄，以更好地进行工作和学习，适应这个急速发展的时代，展现自身价值。作为一项具有较高健身价值的运动项目，瑜伽健身术通过站、坐、跪、卧、倒立等动静结合的体式练习，辅以正确的呼吸方式，充分弯曲、伸展、扭转人体各个部位，缓慢调姿，活化僵硬的关节，刺激各穴位和经络，按摩人体各个器官，增进气血流通，改善内脏功能，或调节体内环境，增强人体免疫力。

（三）健心价值

体育运动与心理健康关系密切，科学的锻炼作为一种应激刺激，可有效改善锻炼者的心境，降低焦虑和抑郁情绪。瑜伽健身术作为身心结合的体育运动，强调平和稳定，追求身心和谐，要求练习者在练习与生活中保持平和心境，可引导人们释放心灵，自觉抵御自身容易出现的负面情绪，以及外界环境中不良因素产生的副作用。培养人们冷静客观的良好心态、善良自信的生活态度，有效改善疲劳、焦虑、抑郁、气愤等不良情绪，对调节人的心理健康状况、改善心理亚健康状态有良好的功效，对乐观积极、心怀感恩地面对生活具有重要价值。

第六章　大众健美操编排

大众健美操编排并不是将几个动作简单地叠加到一起，而是将一系列动作进行配合、练习和统一，是一项创造性的工作。本章分别从大众健美操编排原则、大众健美操编排方法和步骤、大众健美操编排和音乐选配以及大众健美操编排现状及发展趋势进行阐述。

第一节　大众健美操编排原则

在进行大众健美操编排时，一些大众健美操爱好者由于只会简单的模仿，所以想请专业体操工作者代为编排，但却时时为找不到合适的教师而苦恼。大众健美操爱好者其实并不需要找专业的教师进行动作的编排，通过了解其动作、规律、原则、程序后，便可以自己进行创作。

大众健美操的编排有一定的原则，这是约束和指导编排大众健美操的基本纲领。大众健美操的原则对我们严格地创编一套完美的大众健美操和突出表现大众健美操的本质特点，有着十分重要的意义。大众健美操编排原则可以分为六个原则，分别是根据目的进行的编排原则、从实际出发的编排原则、突出健美操特点的编排原则、科学全面的编排原则、富于艺术表现性的编排原则以及动作和结构的创新性原则。

一、根据目的进行的编排原则

明确目的是编排大众健美操的第一项原则。如在哪里跳、多少人跳、什么人跳、跳的目的等都应当一清二楚，有的放矢，才有可能一矢中的。这虽然是非常浅显的道理，但又常常被许多人所忽视。

大众健美操由于内容不同、形式不同，其要达成的目标也就不同。举个例子，姿态健美操可以培养人的良好气质和风度，健身健美操可以使人的身体健康，矫形健美操可以为不良体态者矫正形体，竞赛型健美操则要突出它符合比赛的要求和规定，表演型健美操则有娱己和娱人的作用。所以，大众健美操的编排需要先明确健美操的目的，不能够无的放矢、随意拼凑。

以练习者自身的需求为目的的姿态健美操、健身健美操、矫形健美操都是为了追求健身塑体的效果，但是这三种健美操又有着不同的目的，要根据层次的高低和程度的不同进行健美操的编排，同时还要对不同健美操的要求加以区分，不能将动作随意堆砌。否则不仅不能够达成强身健体的效果，甚至有时候会获得反方向的效果，举个例子，矫形健美操目的是纠正身形、体态，假如正常人大量练习这种健美操，那么会导致身体机能受到损伤。竞赛型健美操在编排时要考虑到比赛的限制、要求与规则。编排人员要综合考虑这些因素，而且要进行相关创新，以在比赛中取得良好成绩。表演型健美操着重表现舞台艺术风格，其主要目的是进行表演，观赏价值较高。

二、从实际出发的编排原则

大众健美操的编排在确立目的之后，需要综合训练者的实际情况，有针对性地进行编排。从实际出发，要求编排大众健美操需要考虑训练者的年龄、性别、身体条件等因素，然后再进行构思和设计，这样才能设计出符合训练者要求的大众健美操。

如编排一套适宜中老年人学跳的大众健美操，就应当从中老年人的生理状况和心理状况的实际情况出发，其组合方式应尽量符合他们的实际需求。结构要平稳渐进，不宜大起大落，动作要适当缓慢，以伸展肌肉和韧带为主，其目的是逐渐提高中老年人关节的活动范围和灵活程度，达到舒筋活血的作用。若创编一套适宜青年人学跳的大众健美操，则应根据青年人身体强健、精力旺盛的实际情况，其组合方式要活跃、起伏，动作幅度大、节奏快，以充分表现他们的青春活力。如创编一套适宜少年儿童的大众健美操，其结构和动作则应从少年儿童的生理实际和心理特点出发，整体组合要突出欢快的情绪和富有趣味的特点，动作不宜复杂，应多编一些模仿性和形象化的动作，以培养他们练习的兴趣，增强他们的智力和体质。

在选择配套健美操的音乐时，也需要从实际出发，大众健美操中的音乐可以激发人的情趣和情感。音乐不仅是大众健美操的依托，同时也是其灵魂所在。所以在编排大众健美操时，需要基于练习者的身心特点与现代流行审美来选择与大众健美操配套的音乐。举个例子，在编排中老年人为主要练习者的大众健美操时，要选择一些旋律优雅、节奏较慢的音乐，如我国传统的一些乐曲。老年人往往比较熟悉这些曲子，可以激发他们学习大众健美操的兴趣并沉浸其中，达到健身健心的效果。反之，切不可选用那些速度很快、噪音较大、节奏强烈的乐曲，因为这种乐曲的疲劳轰炸，对这个年龄段的人来说，一般不符合他们的审美习惯，容易造成精神疲惫，损身损心。在编排年轻人为主要练习者的大众健美操时，音乐的选择需要考虑到年轻人的喜好，选择节奏较快、具有蓬勃朝气与时代气息的音乐。流行音乐、摇滚音乐等在年轻人中十分受欢迎，这些音乐可以振奋年轻人的精神、宣泄他们的情绪。在编排少儿为主要练习者的大众健美操时，尽量选取童谣、儿歌之类的曲子，这类乐曲大都具有节奏欢快、旋律简单的特点，内容也适用于幼儿健美操。

三、突出健美操特点的编排原则

在编排大众健美操时，必须要以动态造型动作为内容，以操为形式，同时在其中加入符合训练人群特点的音乐，使其具有一定的韵律感，从而展现大众健美操的独特风格。

大众健美操与徒手体操有着较大的差异，像是学校学生所做的广播体操就是一种徒手体操，这种体操一般只包含有身体各个部位的简单动作及动作之间的组合。由于徒手体操内容简单、形式渐变、易于推广，所以在群众中适合广泛展开。而大众健美操相较于徒手体操要具有一定的表现形式和形体美。另外需要注意的是，大众健美操中有些舞蹈元素，但是不能等同于舞蹈，因为舞蹈塑造的是具体的艺术形象，表现感情是舞蹈的目的，而大众健美操的目的则是塑造自我人体美的形象，其主要目的是展现人的气质与风度。在了解了大众健美操与徒手体操、舞蹈的不同之处后，就可以在编排大众健美操的时候更好地突出大众健美操的特点，要在大众健美操中有机结合健康、优美、力量、韵律，从而塑造一个完整的人体美形象。

四、科学全面的编排原则

提高身心健康、创造人体美是大众健美操的目的之一。作为一种多学科的综合性运动项目，大众健美操的编排不但要考虑到人体的身心发展规律，还需要符合美学原则以及对音乐艺术、舞蹈艺术的合理运用原则，全面、科学地进行健美操的创作。

在运动中，肌肉进行活动需要能量，从而要消耗氧气和养料，呼吸和脉搏此时加快，人体新陈代谢加快，这样可以使人体的循环系统、呼吸系统和器官能力增强。在这个过程中，人的心理也会逐步进入到一个良好的状态。基于这一原理，大众健美操的编排的节奏需要由慢到快、由弱到强，然后再慢慢恢复，从远离内脏器官的部位开始编排动作，这样做的目的是促进血液回流，强化心脏功能，从而保证身体可以满足健美操高潮时的运动强度。

美学原则和对音乐、舞蹈艺术的合理运用原则可以塑造大众健美操练习者美感和艺术感。大众健美操之美也不同于音乐和舞蹈塑造的形象之美，而是一种人体之美、健力之美。由于大众健美操和音乐舞蹈的内涵与形式截然不同，因此在大众健美操中应用到舞蹈和音乐因素的同时，不能将歌曲与舞蹈的形象之美照搬其中。音乐与舞蹈在大众健美操中扮演的只是一种辅助角色，并不起主要作用，否则大众健美操就会失去体育运动的特点了。

五、富于艺术表现性的编排原则

前文已经强调过大众健美操不同于音乐和舞蹈这种艺术，而是一种体育运动，但是大众健美操的艺术表现性又是其与其他体育运动的不同之处。当然，它的艺术表现性又和其融入音乐和舞蹈艺术是分不开的。大众健美操与其他辅以音乐和舞蹈元素的体育项目又各有不同的风格、特征和要求，如艺术体操、自由体操的技巧性很强；水上芭蕾突出水上技巧；体育舞蹈突出健身作用；冰上舞蹈突出冰上技巧。而大众健美操则具有人体在运动下的人体美和健力美。

姿态是大众健美操首要展现艺术表现性的方面，首先练习者的眉目之间要充满激情和自信；其次，编排的动作要大方、舒展、优美、有力；最后，动作要有节奏感、充满韵律，要将阳刚与阴柔相结合，将二者有机统一。大众健美操的艺术表现，在音乐的配合上要做到恰到好处，音乐的节奏和韵律要体现在编排的动作中，这对于大众健美操编排者的艺术素养有一定的要求。如果编排者对音乐一知半解，所编排的动作在幅度、力度上往往和音乐的节奏、旋律不相协调，就会严重地破坏大众健美操的艺术表现性。大众健美操的动作要能够表现出音乐的精神，音乐要能够衬托出健美操的气氛，二者相互衬托、相得益彰，使大众健美操更具有观赏价值。

六、动作和结构的创新性原则

只有对大众健美操的结构与内容进行创新，才能够使练习者全身心地投入到这项运动中，提升其身体素质，使大众健美操运动蓬勃发展，保持旺盛的生命力。

大众健美操的动作内容来源是体操和舞蹈，所以从体操和舞蹈动作的角度出发对大众健美操进行创新是一条行之有效的道路。体操和舞蹈的历史悠久，其蕴含的内涵、文化背景十分丰富，在进行大众健美操的创新时，一定要参考这两项运动，编排者要经常性地考察体操和舞蹈中的动作。除此之外，艺术体操、自由体操、水上芭蕾、体育舞蹈、冰上舞蹈、武术等体育项目也是大众健美操动作借鉴的来源，这些体育运动中都有可以拿来吸收、消化、创新的新鲜生动的原始素材。

对于大众健美操结构上的创新需要做到以下几点：

1. 创新相同部位的不同动作连接

举个例子，为了创新头颈部位的屈、转、绕环等动作，可以对其顺序进行重新排列，同时也可以增加一些其他动作，如抖、振等。

2. 创新不同部位的不同动作连接

如腰胯运动不但可以同时运动，也可以依次运动、异方向运动等。

3. 不违背人体运动规律的前提下进行整套健美操结构的创新

如在队形、速度、节奏、强度等方面进行改编。

4. 创新大众健美操中的音乐配制

在大众健美操的编排中，可以在动作和音乐相契合的基础上，选取一些新颖的乐曲，从而营造一种新的气氛。

综上所述，在进行大众健美操的编排工作时，需要遵循上述几点原则，而且要不断丰富其内容，同时要追求创新，这样就可以给人耳目一新的感觉，从而在不断的创新中生存、发展、壮大。

第二节　大众健美操编排方法和步骤

一、大众健美操编排方法

编排一套大众健美操并使其成为一部精品，是一件复杂而又艰巨的工作。它既要求创编人员有较为丰富的实际经验，又要求创编人员有一定的理论水平。其创编过程，就是把已掌握的大量素材，诸如各种动作、各种图形、各种队形、各种乐曲等，根据其基本创编原则而加以精选、改造并编织起来的过程。为了使这项工作严谨且有条不紊地进行，我们必须依据理论结合实际的方法使之程序化，以变繁为简、易于操作，并有理有据、有声有色地把各种所需素材有机地联系起来，组合起来，创作一幅美妙的活的图画来。

简言之，所谓创编程序，也就是编排成套大众保健操的构思过程和实践过程。

（一）有目的地选择编排内容

编排一套大众健美操前，明确编排的目的性是十分重要的。所编排的大众健美操是作为一般练习之用还是为了表演或比赛，都应当有针对性，因为跳操的对象、表演的规模、比赛的性质等往往是有很大差异的。例如，编排一套适宜女青年学跳的健美操，却让男青年学跳，其结果只能是忸怩作态，缺乏男子汉的雄伟之风。编排一套适宜少儿的大众健美操，却错误地让中老年人跳，其结果也可想而知。编排一套专供练习的大众健美操，如果拿出去表演或比赛，很可能缺乏理想的效果或不符合竞赛要求。所以，弄清编排目的才能对症下药、有的放矢。否则，再好的大众健美操，如果和目的性相违背，它也无价值可言。

健美操的编排内容总是根据人体的生理机能、心理机能、美学理论和练习者的年龄、性别、身体条件、技术水平等因素去考虑、选择的。对动作类型（如伸展类、力量类、跳跃类或造型类等）的取舍、动作强度的安排、动作姿态的要求以及套路的变化等，务必使各个方面都得到充分的协调，以满足练习者、观赏者以及参赛者的需求。在选择内容时，切忌背离其目的性，一味求难、求新，只顾表面好看，缺乏实际意义，结果弄巧成拙，造成华而不实的后果。

（二）依据科学原则拟定结构

根据目的大致确定了选编内容之后，这时创编者就需要从思想上进行总体的构思了，需要先拟定一个大体的结构，设计一个大概的框架。所谓构思，是指创编者在孕育成套健美操作品的过程中所进行的一种思维活动，它包括选取、提炼素材，酝酿、确定主旨，考虑整套动作的布局，探索最适当的表现形式。当然，构思又总是在创编者的思想修养和总体目的的制约和指导下进行。结构则是指整套大众健美操的组织方式和内部构造。即在总体目的的制约和指导下把各种动作素材分轻重主次，合理而匀称地加以安排和组织，使其既符合练习者的要求，又符合大众健美操运动的科学原则。

这里需要特别强调的是，成套大众健美操的构思过程和最终所确立的结构体系，一定要依据科学的原则，从人体生理学的角度、心理学的角度、运动学的角度、艺术和美学的角度，进行综合的考虑和立体设计。首先要考虑整套大众健美操是否符合人体生命运动的规律，是否符合人体生命运动"准备阶段、超量运动阶段、恢复阶段"这一提高人体健康水平的进程；其次还要考虑每一个动态画面的变化，是否符合美的规律。如某一画面之间应出现某种队形或图形，各动态画面之间如何过渡和变换等。务必使每一段纵的起伏和横的进行既能符合人体生命运动的规律，又能表现出较强的艺术性。这样一套纵横交错、连绵起伏的大众健美操才可能具有实际锻炼效果和艺术欣赏价值。

（三）选择基调动作为基本素材

在文学艺术的创作活动中，文学家和艺术家很注意自己作品构成的基调，亦即作品构成的一种基本色彩。其基调往往是通过主题倾向、题材范围和语言风格来加以表现。这就要求他们在创作时一旦确立了主题思想和表现形式之后，就应当选择最生动、最典型、最具代表性的基本素材、艺术形象和主导语汇，以呈现出自己独特的风格。例如，在音乐创作上，即使是一部较为大型的音乐作品，其音乐艺术形象也往往是在一个、两个或两个以上的音乐主题的基础上有机地发展、扩大而形成的。而在确定音乐主题时，又要着重选择基本节奏形态和创作基础主导旋律，然后运用重复、跟进、展开、对比等方法从不同角度进行多方面的叙述和补充。

在这一点上，成套大众健美操的编排和文学艺术作品的构成具有相通之处。首先，在建立了一个较为理想的成套健美操的框架之后，创编者这时应当根据自己的构思、自己所要表现的艺术风格来选择一些基调动作以作为编操的基本素材。例如，创编者所要表现的是一种朝气蓬勃、热情豪放的现代风格，那就可以选择诸如现代舞、爵士舞、迪斯科舞之中的一些动作作为编操的基调动作；其次，如果创编者要表现一种健康、优美、大方、舒展的风格，则可选择一些民族舞、古典舞的动作作为编操的基调动作；如果创编者要表现一种稚趣、欢快、简洁的风格，亦不妨选择一些儿童舞、童话剧的动作作为编操的基调动作。这里需要强调的是，选择基调动作不可太多、太繁杂，最好精选那些颇具代表性的动作作为基调素材，然后再加以衍化和变换；最后，无论是从舞蹈中选择的基调动作还是从其他运动项目中选择的基调动作，都应当将它们加以"操化"而不可简单模仿，否则创编出来的就不是大众健美操而是舞蹈或其他了。只有通过基调动作的选择作为编操的基本素材，才能较为成功地突出一个主题和表现一种风格。

（四）根据内容选择制作音乐

大众健美操离不开音乐艺术的映衬和支撑。某种程度上，大众健美操若没有音乐来控制节奏和烘托气氛，也就不是健美操了。在成套大众健美操的编排中最困难、最关键的一环也是选择和制作音乐。因为，一套大众健美操成功与否的根本问题取决于此。就我国的现有条件看，专门配制成套大众健美操音乐还是有困难的，许多创编者都为缺乏理想的音乐而着急。所以，创编者在编操的过程中还得自己动手选择、制作音乐，的确对不少人是一件勉为其难的事。

为成套大众健美操选择制作音乐，一般有两种方式。一是先编排动作后选配音乐；二是先选好音乐再编排动作。主要看创作者的习惯，均可自由操作之。

根据成套大众健美操的整体风格和动作特点选择音乐，一般需注意音乐的节奏（节拍）、旋律、曲式、调式等问题。这对于创编者来说，就需要具有一定的音乐知识和音乐鉴赏能力才能够做好这项工作。

1. 节奏

音乐的节奏是相同时值或不同时值的音乐的有规律地运动。它含有强弱、快慢、长短各种性质。在各种性质里又不外乎有两个因素：一是力度的关系，即强弱的关系；二是时间的关系，即长短、快慢的关系。强弱具体表现在节拍上，长短表现在音的时值上，快慢则表现在速度上。节奏是音乐的骨骼，其最主要是通过具体的有着严格强弱规律性的节奏形式表现出来。二拍子和三拍子是音乐节奏的最基本形式，四拍子是二拍子的一种重复和变化形态。由于健美操的规律和特点，其适宜使用二拍子和四拍子的音乐形式，三拍子的不宜选用。对于二拍子的音乐节奏，不仅要注意节奏堆成，还要注意重音提出。对于音乐速度的快慢则应根据健美操的编排内容来加以选择和决定。这样的音乐节奏既可振奋人的情绪，激发人的情感，又可使对称的人体在对称的节律中得到均衡的锻炼和发展。

2. 旋律

旋律和曲调是同义语。在音乐中，旋律实际上已经包含了节奏的因素，这是因为在音乐表现上，旋律与节奏是一个不能分割的统一体。常说的音乐旋律指的是建立在强弱、长短、快慢基础之上的一种有规律的高低不同的美妙婉转、变化多端的音乐进程。

由于旋律的由来主要是特定生活所产生的一种特定情绪所定，大众健美操也往往能表现特定生活的一种特定情绪，所以为健美操选择音乐一定要注意这两种特定情绪的一致和吻合，要不然会使音乐旋律不能很好地契合健美操节奏。举个例子，编排一套以迪斯科动作为主的大众健美操，其适用人群为年轻人，所以要选取旋律明快、节奏感强的迪斯科音乐。

3. 曲式

通常情况下，曲式是一部音乐的形式结构。曲式可分为一段曲式、二段曲式、三段曲式、变奏曲式、回旋曲式等。大众健美操音乐的选取，需要按照健美操的整体结构来选择曲式，此外，还要按照曲式来确立健美操的动作结构。假如曲式与健美操的整体结构不符时，可以通过适当的删减来使二者契合。举个例子，两端部分的内容相同而中间部分与两端结构不同并形成鲜明对比的一种音乐形式就是三段曲式，选择这种曲式的音乐，一定要求它的开始和结束部分要么强劲、要么优美，要么缓慢、要么快速，要么行进、要么造型，而中间部分则应与之形成对比，以活跃气氛。由一个音乐主题重复三次以上，在其间每次插入新的内容的乐曲形式就是回旋曲式。大众健美操配合回旋曲式，会在其中不断出现高潮，并且不断出现自己所选择的基本素材，产生一种连绵起伏、群峰突起、千回百折的艺术效果。

4. 调式

调式是非常重要的音乐表现手段。几个音根据它们彼此之间的关系而联结成体系，并且有一个主音，这些音的总和叫调式。调式的结构和作用能表现音乐的紧张度和色彩。例如，音乐最通用的大调式和小调式就具有不同的色彩效果：大调式一般说来比较明朗、健壮；小调式比较柔和、阴暗。注意调式的选择，则和我们针对不同对象来编排不同的健美操关系密切。例如，为青少年创编大众健美操，就适宜选配大调式音乐，从而营造一种朝阳似火的氛围；为中老年人创编大众健美操，可以选配小调式音乐，着意描绘一种天高云淡或月朗风清的意境。

（五）用图文记录具体编排的内容

成套大众健美操的具体编排，就是根据所拟定的操的结构，所选择或制作的音乐，把所确定的基本动作素材对应到结构和音乐中去。在具体编排的过程中，为了便于记忆、修改、传授和保存，一般多采用图文并茂的方法记录下每一拍动作和每一个队形和图形，也就是把整套操的最终设计，用图进行直观描绘并用文字加以详细说明。

绘图时，一定要用动作分解图和队形、图形变化图进行详细记录。为了便于表现整套操的结构，我们可以采取分段的形式进行记录，以此来突出各段的特点以及各段之间的衔接等。

（六）反复修改和最终定型

大众健美操创编完成之后，创编者要对照图示、文字并结合实际动作反复听音乐，以求动作与音乐的和谐，通过领悟音乐的旋律来提高动作的表现力，同时要从中找出不足并及时修改。经过反复修改，才能去粗取精，去伪存真，但这还只是第一步，还不能最后定型。

创编者经过反复修改后的一套健美操，最重要的是要在适用者身上进行检验，这样才能更进一步去发现问题，如动作与音乐不和谐、某一段动作缺乏激情、开头和结尾不够精彩、练习者的技术水平难以满足动作的要求等等。因此，一套优秀的大众健美操，必须是经过反复实践或反复修改后才能最后定型，才能力求完美无缺。

二、大众健美操编排步骤

大众健美操可根据不同年龄、不同身体状况、不同需要进行编排。因此，掌握其创编方法，是创编整套大众健美操的基本要求。大众健美操的编排步骤主要有六个阶段，准备阶段、制订总体计划阶段、编排与记写阶段、乐曲的选编阶段、检查完善阶段、练习与修改阶段。

（一）准备阶段

任何一个创编人员在编排一套大众健美操之前，必须有一个准备阶段，即对成套动作初步的或完整的设想，这些准备阶段是编排动作中十分重要的环节。

（1）明确创编目的、任务、要求；

（2）了解练习者年龄、职业、身体状况、运动基础等；

（3）了解练习者锻炼时间、场地、器械、器材设备等情况。

（二）制订总体计划阶段

在了解练习者的基本情况下，确定所创编操的风格、难度、长度、速度，如开始部分是站立还是行进间做动作；是从头部动作开始还是从四肢伸展动作开始。中间部分是主体部分，是成套动作的发展，其作用是进一步提高练习者兴趣，也是富于变化和最具特色、容量最大的部分，不同类型的动作都要在这部分展现出来。因此，合理选择动作，恰当的音乐选配能把成套动作推向高潮。结束部分为使练习者的心率恢复到安静，应选择幅度大、速度慢的动作为宜，使练习者在结束之时，充分感受到美的存在。

（三）编排与记写阶段

根据大众健美操创编依据，按照总体方案设计具体动作，并用速记或图示的方法记录下来，为选配音乐做好准备。

（四）乐曲选编阶段

有了成套动作的初步设想后，就要着手选择乐曲，其方法有三种：

（1）选择一个乐曲的部分或一段；

（2）对已有的乐曲进行改编（自己剪辑）；

（3）根据动作编乐曲。

值得注意的是创编人员在选择音乐时必须根据创编依据来编排，否则很难达到预期练习效果，如创编少儿健美操，应选择天真活泼的乐曲。若选用含蓄、深沉的乐曲，练习者很难理解和体现乐曲，从而使其失去练习兴趣。

（五）检查完善阶段

动作编排完成后，要检查并修改，主要从以下几个方面来考虑：

（1）规则的吻合程度；

（2）成套动作与运动员能力是否匹配；

（3）多样性与主题是否完美结合；

（4）音乐与成套动作是否融合；

（5）视觉冲击力是否很强；

（6）过渡与连接是否合理。

另外，还要注意：路线运用要多样化，视觉突然性、效果化。空间与空间之间转换的视觉突然性和起伏性，高、中、低结合使用。

（六）练习与修改阶段

根据设计的动作进行练习时，开始不要选配音乐，进行单个动作练习，在掌握单个动作的基础上，进行成串动作的练习，然后一边听音乐一边做动作。若出现动作的结构顺序与音乐不符，马上修改整理，经过多次练习、多次修改，最后确定完整的一套操。

第三节　大众健美操编排和音乐选配

一、大众健美操的编排

大众健美操是一种动态的人体健美造型。在健美操的开始与结束时，通常都会设有瞬间的静态造型，这些静态造型不但给人以开始和结束的感觉，同时也展现了这项运动的艺术与技巧的统一。所以，大众健美操在编排的同时还要注意造型的设计。开始造型设计成较为奇特的动作会引起人们的兴趣，优美的结束造型会让人流连忘返。

那么，怎样才能创编出精彩的健美操造型呢？

（一）大众健美操造型编排

1. 塑造外观美

大众健美操给人以美的外在观感是其编排成功的关键，二者需要达成以下两个条件：

（1）单个动作元素美

单个动作的元素美是整体美的基础。个体的静态动作设计组成大众健美操造型，塑造外形美，要先使单个动作的元素美。

第一，根据大众健美操的特点来选择对应的动作和形态体现健美操舒展有力、健美优雅的感觉，而不应该选择阴柔的、有其他项目典型特点的动作。造型中躯干挺拔和肢体的伸展可以充分展示肌肉的线条美与力量感，从而使单个动作获得舒展有力的美感效果。

第二，要体现表演者的性别、年龄及个人气质特点。举个例子，女子造型要展示形体美的同时，勾勒出女性的线条美，男子则要展现肌肉感和力量美；年轻人的造型要时尚活泼，老年人则要沉稳端庄。

第三，要体现时代特点，避免造型元素的陈旧、落伍。因此，创编者平时要注意多观看各种体育、文艺表演和绘画、雕塑、摄影等美术展览，从中捕捉、吸纳和创造出更多富有时代气息的、各式各样的健美操动作造型的元素。

（2）整体结构组合美

作为一项集体运动项目，大众健美操的造型更多的是集体的造型，所以要特别注意整体结构的组合美，即大众健美操中多人组合造型时需要展现节奏的变化与结构的均衡、对称，其中不但要有主次、高低、正反、疏密的对比，而且还要遵循形式美的法则。举个例子，多人动作的造型可以设计成多人进行同类变化造型的动作，即高低层次与正反面向不同方向；多人动作的造型还可以设计成同向型造型、异类组合造型的动作，即均面向同一个方向且组合在一起；多人动作的造型还可以设计成中心型造型，即以某点为中心，两边的动作是对称的，向内聚或向外张；多人动作的造型还可以设计成呼应型造型，即若干小造型相互呼应形成的大造型。设计的造型结构只有符合美学理念，才可以获得良好的组合效果。

2. 呈现内涵美

在当今社会，大众健美操在编排时需要具有一定的主题与内涵，这使大众健美操造型设计也提出了新要求，这指的是大众健美操不但要给人们以美的观感，还要具有一定的内涵美。大众健美操的内涵美需要通过造型来表达形象、表达理念，给人以美的联想。举个例子，为以红色娘子军为主题的女子单人操设计一个背向弓步"投弹"的开始造型，这一造型不但可以展现运动员的身体外观美，还可以点明主题、展现内在美。假如造型可以展现表演性健身健美操和竞技健美操的主体，那么可以在其造型中融入丰富的内涵，这样不但可以引发观众的联想，还可以增加健美操的魅力。

（二）大众健美操队形编排

规律的队形变化可以使大众健美操观赏价值进一步提升，同时队形变化也是健美操表演与比赛的重要内容。现阶段的健美操有很多都设有规定动作变队形的项目，目的是推广健美操项目、减小编创的难度、提升大众对健美操的兴趣。

在健美操比赛中，常常可以看到相同的规定动作操会在不同的队形设计下产生不同的效果。队形变化方式和队形图案的多样化使大众健美操更具有美感。大众健美操的队形编排需要做到以下几点：

1. 构图清晰

倘若在编排队形时，构图混乱，那么会损失大众健美操的部分美感。因此，在构图方面，大众健美操要做到构图清晰，这是队形设计首要的，也是最基本的要求。要使队形线条清晰就要注意"字间距小，行间距大"的道理，另外队形中图案的内部站得密一些，外部距离大些，即"内密外疏"，这样有助于团队结构清晰明了。

2. 丰富新颖

队形创新是大众健美操队形编排的要点之一。大众健美操的队形可以是对称的或非对称的，可以设计为一个整体或者几个队形。需要知道的是，队形的种类是有限的，但是将它们组合起来，进行队形的变化，就能够产生让人耳目一新的感觉。

3. 对比鲜明

在进行大众健美操队形设计时，需要做到队形图案的对比显明，这样能够丰富队形，同时增加队形变化的节奏感。

4. 变化流畅

变化流畅的队形编排可以使队形过渡流畅、自然，这需要队形的变化流畅。特别是在队形种类有限的双人、三人健美操中，只有变化流畅、巧妙的队形，才会产生丰富多彩、目不暇接的变化效果。

5. 显示动作

显示动作服务是大众健美操队形的最终服务目标，所以队形设计与动作设计不能南辕北辙，二者要相得益彰，才可以展现大众健美操动作的美感。

（三）大众健美操动作编排

美在体育运动中需要借助人这个自然实体来实现，大众健美操也是如此。作为一项有机融合美的意识、动作与美感的运动项目，大众健美操通过动作来塑造美、创造美，以人体和动作来展现这项运动的美。但是大众健美操的动作具有一定的局限性，因为其动作的发展步伐没有跟上健美操，缺少多元素的融合创新。塑造"美的形象"时，"选择"与"集中"是不可或缺的重要环节。所以在编排大众健美操的动作时，不能只是将动作做简单地相连，而是要对多种风格、多套动作进行综合创新，同时要综合利用动作的时间、空间、结构、风格特点、运动方式等因素，注重大众健美操整套动作色彩的丰富性，使大众健美操符合大众的需求。

1. 动作风格要符合现代的审美需求

根据运动对象的时代背景、整体特点、文化结构、审美特征来确定动作的基调。动作要符合大众审美、主题鲜明，可以充分展现身体的比例、刚柔、圆润、线条、动作造型等。现代舞健身操、搏击健身操、健身球操、街舞健身操、有氧舞蹈、拉丁健身操等都受到人们的好评。大众健美操动作编排不能局限在大众等级和基本步伐的风格上，而是确定一个人们喜欢的主体风格后，可以小比重地渗透其他风格相近的动作，这样有助于人们享受大众健美操的动作美。例如，对于拉丁健身操可以在其中融入一些爵士舞和现代舞的动作，可以让人耳目一新。

2. 动作的节拍符合音乐的艺术性

在确定大众健美操的风格之后，就要选定锻炼的时间，作为一项有氧运动，大众健美操的时间一般不长，在三四分钟之间，可以根据适用人群的身体条件和需要来对时间进行增减。在选定音乐后，就要进行动作单元的划分，依据就是音调的高低、音乐的旋律、节奏与词意，划分的原则是以双数八拍为基本单元，四个八拍一小段、八个八拍一大段、六个八拍一中段，这样可以完美融合音乐与动作。在进行大众健美操的编排时，可以根据练习者的接受水平和时间经验来确定动作的单元节拍，再结合动作去选择音乐和创编音乐。

3. 动作的节奏艺术分布

我们一般将节奏称为时间和力度在运动中的有序变化和有规律的组合和反复。世间万物都有着自身的发展规律和运动节奏，具有自然的节奏美。节奏作为一种形式美的基本法则，在诗歌、音乐、舞蹈等艺术中节奏感最强，而大众健美操中有着音乐和舞蹈的原色，因此其也必然会具有强烈的节奏感。音乐的节奏构成决定大众健美操动作节奏，像声音的高低、快慢、强弱、疏密等决定动作的速度、幅度、身体动作线条的曲折等分布，而动作又会对音乐具有反作用，动作的节奏和音乐形成对比，可以使动作表演突出。举个例子，动作要符合音乐的节奏，假如音乐节奏强烈，那么健美操动作就要奔放有力；假如音乐比较欢快，那么动作就轻巧灵动等。需要注意的是，大众健美操的音乐选曲和动作设计要基于练习者的身心特点和发展规律。做到上述几点就可以使大众健美操展现出生命运动的节奏，从而使人的生命体的自由、和谐活动与健美操的运动形式完美融合，引起练习者人体活动的愉悦。

4. 细究动作类型的艺术构成

基本动作是大众健美操动作组合的基本元素，如基本步伐的研究，国外的一位研究健身操的学者把健美操的所有步伐按动作本身的名称分为 12 种，分别为踏步、点踏步、踏并步、一字步、交叉步、移动步、开合跳、提膝跳、弹踢跳、点步、后踢腿跑、吸腿。我国的马鸿韬等人基于分类学原理和健美操项目的特点将健美操步伐（下肢动作、非难度动作）分为非腾空类动作、腾空类动作。这些划分方法的结果不同，但是其依据都是人肢体运动形式。大众健美操在 20 世纪 70 年代兴起，具有多种形式，如以现代舞动作为主的健美操、以芭蕾舞基本动作为主的健美操、以拉丁舞基本动作为主的健美操等。大众健美操动作的编排要整合不同类型的动作，从练习者的实际出发，"以人为本"，以达到全面、和谐、愉悦身心的效果。

5. 注重动作对人体自然美的展现

作为最古老的审美对象，人体也是大众健美操运动美的表现载体。大众健美操优美的动作可以体现人的曲线、造型、动作、线条、比例等，大众健美操教师不仅可以指导学习者进行锻炼，还可以在学习者的心目中形成审美对象，从而激发塑造形体的激情和展现形体美的愿望。大众健美操的编排动作优美，就可以使形体美更加生动。练习者在练习大众健美操时，通过镜子观察到自身的动作、形态而感受到形体美，有助于认识到美是体质力量的感性表现，从而获得美的享受与熏陶。

作为一项创新活动，大众健美操的编排并不是一帆风顺的，需要克服诸多困难，大众健美操动作的编排者需要丰富的美学、音乐、舞蹈、体育知识，这样才能进行更好地创新。

二、大众健美操音乐选配

听觉是人们获取声音的主要途径，音乐作为人类心灵的花朵，并不像花香一样通过嗅觉随意嗅到，只有用心领会，才可以感受到音乐的内在魅力。叔本华认为音乐就是以万物为主题的旋律，马克思将音乐看作人类的第二语言，也有学者将音乐称为"世界语言"。另外，音乐还可以向人们深层次地展示心灵深处的灵感、智慧和哲理。

大众健美操诞生之初就与音乐有着密切的联系，随着音乐对大众健美操的渗透，普通的健美操由空间画面注入了音乐的想象，达到了一种虚拟的、凭想象力自由驰骋的境界，它超越了一个或多个大众健美操动作的视觉轮廓。这种将音乐融入大众健美操的形式可以看作是听觉艺术与视觉艺术的完美融合，扩展了大众健美操的内涵与外延。

作为大众健美操的灵魂所在，音乐有助于提高练习者的学习兴趣，还可以提升练习者的审美与想象能力，另外，音乐还能够培养练习者的节奏感，促使身心健康发展。需要注意的是，音乐有助于练习者合理掌握力的运用，从而可以轻松地完成各个动作。作为大众健美操的重要组成部分，音乐在大众健美操中的作用无可替代。在比赛中，成套的动作必须要配合音乐进行，二者要有机结合，倘若出现动作上的失误就会被评分者扣分。这足以看出音乐在大众健美操中的重要作用，同时也说明了二者的关系。两者缺一不可。只有它们同时存在，这项运动才具有无穷的魅力。

音乐是一种听觉艺术，当它与视觉艺术融为一体时，便会迸发出新的生命力。大众健美操就是如此，正如人们常说的音乐是大众健美操的灵魂。给大众健美操配上明快悦耳的音乐可以帮助运动者提前进入运动状态，振奋精神，延缓疲劳的出现。音乐还在运动中帮助人们记忆动作，并指挥着人们按照音乐去表现动作，使大众健美操的表演更具魅力。

（一）大众健美操音乐的特点

大众健美操音乐是为了配合大众健美操练习所选用的一种音乐。因此它要以大众健美操的动作为主要的依据进行选择。大众健美操的动作是一种对身体具有很好锻炼效果的练习，它拥有独特的动作节奏，具有一定的力度，并且动作的幅度有大有小，动作的速度有快有慢，动作的姿态优美而具有力量。因此，要使大众健美操充分发挥它应有的作用，不仅要注意动作的完成，还要选择与该动作相适应的音乐。大众健美操音乐的特点主要体现在以下几个方面：

1.音乐节奏鲜明，乐段分明，节拍清晰

大众健美操音乐就像是在练习大众健美操时所发出的口令，是动作的节拍。在音乐中周期性地出现1拍、2拍时，其中有一拍为强拍，其余节拍为弱或次强拍。强弱节拍在整个成套的动作中反复地出现，形成了有规律、强弱互换、富有感情色彩的旋律。因此，大众健美操的动作和音乐的节奏要十分吻合才能协调一致，不然会使得大众健美操的动作和音乐的节奏合不上节拍，让人感觉大众健美操难以接受、不好掌握。所以，音乐的节奏清晰能让练习者很容易地辨别强弱节拍的互换，中间的规律也比较容易掌握，还能使动作的力度效果更好地表现出来，练习者在轻轻松松的环境下既锻炼了身体，又使得自己的心情变得舒畅。人们选择大众健美操就是因为它的音乐节奏鲜明、乐段分明、节拍清晰、容易掌握，让人在参与这项运动后达到了他们需要的锻炼效果。

2. 音乐旋律优美动听，能提高情绪

音乐作用于人的听觉，音乐能使练习者产生一定的联想和想象，从而在自己头脑中形成一定的富有情感的意象，在情感上受到它的感染和陶冶。因此，音乐对人的情感、情绪变化以及人体的运动等都有直接的影响。大众健美操之所以受到人们的热爱，除了练习本身的功效性、动作的时代性之外，另外一个很重要的因素就是现代的音乐给大众健美操带来了新的活力。练习者听到旋律优美的音乐或极其强劲的节奏之后，会产生情感上的联想，进而产生一种跃跃欲试的感觉。

大众健美操音乐不但能让练习者很好地、轻松地掌握动作的节奏和动作的节拍，而且还具有陶冶情操、提高对美的欣赏能力的作用。因此，它的旋律应该是轻快、优美或者是浑厚、沉稳、热情、奔放的，而不应该是哀怨、消沉、伤感的。选用一些健康、活泼的音乐曲调，能够让人振奋精神，消除身心紧张和疲劳；能够提高练习的效果和欣赏的价值；更能够激发练习者的情绪，获得心理和生理上的平衡。人们在大众健美操运动中享受着生理、心理的双重愉快，让人感觉到超凡脱俗的奇妙感觉。

3. 多听音乐可以调节人的身心

音乐可以愉悦人的身心，对心理产生正面的影响。旋律、节奏、音质和音调的不同会引起人的不同的感觉。举个例子，优美的曲子可以使人感到轻松；强烈的旋律可以使人精神振奋；柔和、节奏缓慢的乐曲可以使人安定、平静。曲调不同产生的情感反应也不同，如 A 调抒情、B 调哀怨、C 调和顺、D 调热烈、E 调安定、F 调激荡、G 调浮躁等。

音乐作用于人体的原理是有规律的声波经过听觉神经传入大脑皮质，并对丘脑下部、边缘系统产生效应，调节激素分泌、血液循环、胃肠蠕动、新陈代谢等，以改善人的心情和身体部分功能。音乐能舒缓压力，长期沉浸在音乐之中，人的性格便会受到音乐的影响。大众健美操音乐也具有这样的效果，不但能使人身心得到一定的调节，并且在这样的音乐伴奏下参与大众健美操运动还能使练习者得到更好的锻炼。

4. 跳跃性节奏的音乐更具感染力

音乐对大众健美操起到非常重要的支配作用。音乐旋律的抑扬顿挫、速度的时快时慢这种具有一定跳跃性的节奏能够使大众健美操练习者练习起来更具感染力。一套健美操动作选配的音乐速度一般为 18~24 拍 /10s，这时就能形成一种节奏强烈、明快、跳跃的感觉，这种氛围对人有很大的吸引力，使大众健美操动作的韵律感、节奏感更加强烈地表现出来，感染的效果也随之加强。随着旋律的渐渐深入。音乐慢慢地将人带入意境，这时练习者就能开开心心地享受健美操所带来的美妙时刻。另外，还可以采用具有鲜明节奏的民族乐曲，使大众健美操这项运动更具魅力，吸取其他舞种或运动的长处来充实自己的内容，不断创新。

（二）选择大众健美操音乐的原则和注意事项

1. 选择大众健美操音乐的原则

音乐是大众健美操的灵魂，选择音乐时要遵循一定的原则。在大众健美操中，音乐不但可以激发练习者的兴趣，而且可以减少疲劳感，同时可以培养练习者的节奏感和美感。有力、欢快的大众健美操音乐可以振奋人的精神，使练习者更加投入到健美操的训练中。观众在受到听觉刺激和视觉刺激后，将二者融合，体会其中的感情，便可以拥有极强的满足感，陶冶自身的情操。大众健美操在选择时需要遵循下面的原则：

（1）动作要与音乐的风格相一致

大众健美操选取的音乐风格决定其动作的编排，音乐的风格就是编排的大众健美操动作的风格。选择热情、优美、具有时代感的音乐，可以使观众在欣赏大众健美操时了解到编排大众健美操的意图，使表演者与欣赏者实现交流、互动。我国的第一套大众健美操使用《潇洒走一回》为主乐曲，人们在练习这套大众健美操时，会被其音乐感染力所吸引，动作的重复与速度的变换都很清晰，在做这些动作时可以流畅自如地进行。需要注意的是，一套健美操中的音乐风格需要统一，不能出现风格迥异的两首或多首曲子。举个例子，民族音乐和爵士音乐截然不同，二者若同时应用在一套大众健美操中，便会有割裂感出现，因此乐曲的一致性十分重要。

（2）保持音乐节奏与动作节奏的协调性

音乐的节奏是大众健美操编排的依据，在此基础上二者相结合便可以展现这项运动的特有运动风格，从而展现大众健美操的节奏美。举个例子，以现代舞为主基调的舒展有力的大众健美操需要选用节奏强烈的音乐；以舞蹈为主基调的动作优美、节奏稍慢的大众健美操需要选用节奏适中的音乐；难度较大、技巧复杂的大众健美操需要选取速度较慢的音乐。动作与音乐节奏相统一，才能够实现共振效果，展示出和谐统一的节奏美，要不然大众健美操就会失去其艺术感染力。

（3）音乐的速度设定要适宜

大众健美操音乐的速度要适宜，音乐主题与编排者是决定其速度的关键。音乐与动作的节奏要统一，同时选取的音乐要与动作的特点相符。4/4 拍和 2/4 拍的乐曲是大众健美操常选取的音乐，这些曲子通常具有刚强有力、节奏明快的特点。大众健美操选取这些曲子作音乐的主要原因是 4/4 拍和 2/4 拍的乐曲律动感较强，同时比较简单，练习者即便没有音乐基础，也可以较为轻松地掌握。

在大众健美操中，练习者速度的快慢是由音乐速度的快慢决定的，所以，节奏快的音乐，其配套的健美操动作的灵活性就强，同时也更易于引起观众的共鸣。但是音乐的速度并不是越快越好，需要保持在一个适当的范围，人的动作要能够跟得上音乐的节奏和速度。假如速度过快，那么表演者的动作不易做到位，会使动作变形，从而使大众健美操的质量下降，观赏者就不能够欣赏到杰出的大众健美操表演了。

（4）保持音乐结构与动作布局的统一性

大众健美操的动作可分为三种，分别为趣味性动作、连接性动作、难度动作。在一套大众健身操中，这三种动作常常都会出现，而且均匀地分布在各个部分。趣味性动作、连接性动作、难度动作在大众健美操中需要辅以对应的音乐，这样才能够引起练习者和观众的兴趣，同时留下深刻的印象。举个例子，一套健美操的开始的动作要配上体现动作主题的音乐，到了高潮，复杂的动作要配上强烈的音乐，体现风格的特色动作选用的是与之协调的音乐，结束的动作需要配上适合作结尾的音乐。保持音乐结构与动作布局的统一性，才能使观众感受到大众健美操要展现的感情，从而为观众留下深刻的印象。

（5）保持音乐选择与练习者个人特点、乐感的融合性

运动员的特点及其音乐感悟也是音乐选曲的原则之一。不同的人由于多方面原因，身心发展条件各不相同，当然音乐感悟与天赋自然不同。在进行大众健美操音乐的选取时，需要发挥练习者个人的特长与音乐感悟。举个例子，外向、表现力强的练习者适用欢快、强烈的音乐。

2.选配大众健美操音乐的注意事项

作为"世界语言"，音乐从多方位、深层次的角度，以其特有的表现方式展现人类的智慧。只有实现大众健美操动作与音乐的高度统一，其动作的刚健、起伏的柔美、连接的巧妙与动作套路的创造性和艺术性才能够被淋漓尽致地展现出来。在音乐的衬托下，大众健美操达到了动作与音乐你中有我、我中有你的境界。

选配大众健美操音乐的注意事项为以下几点：

（1）音乐与大众健美操风格的融合性

大众健美操强调力与美相结合，是"健、力、美"的有机统一，因此，大众健美操的音乐要动听，旋律要强劲、鲜明。不同的音乐适用于不同种类的健美操。

（2）音乐与动作风格的和谐性

大众健美操的节奏、速度、方向等变化较多，因此需要针对不同的动作选择不同节奏的音乐伴奏。举个例子，伸展柔和的放松动作可选用3/4拍的抒情性音乐，跑跳动作可选用快速、节奏鲜明的音乐，身体各部位的动作练习可选用中速不太快的4/4拍的音乐。选择的音乐要与动作风格具有和谐性。

（3）音乐与编排的目的、任务、规则和人的自身条件的相符性

大众健美操的目的是强身健体，表演性质的健美操是为了进行演出，竞赛健美操则是为了比赛。由此可见，不同类型的健美操的目的不同，因此对音乐的要求也不尽相同。需要注意的是，在选取音乐时需要考虑表演者、练习者的身体状况，这样才能够更好地达成锻炼效果。

（三）大众健美操音乐的选择与剪接

音乐的选用需要编排者先要领会音乐的内容与思想、节奏与旋律，考虑这些是否符合大众健美操的要求，是否满足表演欲的释放。将动作与音乐间的衔接处理好，才可以有机统一健美操与音乐在艺术表现上的风格和神韵的统一。

大众健美操的选择要把握下面四个对比：

（1）音乐强度上的对比

音乐的强度对比越明显，越能够展示大众健美操力度的技巧。

（2）音乐速度上的对比

音乐的速度是大众健美操抑、扬、顿、挫的调节器，可以有效调节音乐起伏并且推动其走向高潮。

（3）音乐色彩上的对比

音乐色彩上的对比与音乐力度对比同步，它是调整动作形态及运动幅度的最佳契机。

（4）主、副调对比

主、副调对比是音乐表现的最高境界。通过多个音乐形象的对比，为大众健身操提供了更广阔的表现空间，可以有效检验编排的水平与技巧表现的难度。

1. 大众健美操音乐的选择范围

大众健美操艺术性和创造性是通过动作与音乐的统一来实现的。音乐的选取需要考虑多方面因素，如音乐强度上的对比、音乐速度上的对比、音乐色彩上的对比与主、副调对比。由于选择范围较广，在选择音乐时，需要理解并分析音乐，选择合适的音乐进行创作。

（1）民族音乐

民族音乐的民族风格与地方特色十分强烈，另外其形象多样化、节奏鲜明、热烈，旋律优雅，具有一定的时代性。

（2）爵士乐

爵士乐有着较强的即兴性，是由连续的切分节奏组成的，音色鲜明强烈、节奏变化多，和声丰富。

（3）迪斯科

爵士乐的切分节奏被迪斯科所继承，节奏感强，具有旺盛的精力。

（4）轻音乐

作为轻快的音乐，轻音乐简单易懂、生动活泼，并没有特别重大的思想只有轻松的感受，其表现形式为通俗歌曲、电影音乐、流行歌曲、舞蹈音乐、戏剧配乐和民间曲调等。

（5）摇滚乐

摇滚乐属于激情音乐，有快有慢，有着节奏反复所带来的摇摆的感觉。其表现形式有重金属及其相对柔的摇滚混合型乡村摇滚、流行摇滚等。

（6）英文歌曲

英文歌曲的音乐速度通常较快，而且打击乐明显，其节奏感极强，展现出时代特征。

（7）世界名曲

世界名曲可以使不同国家、不同种族的人们跨越种族障碍与思想的鸿沟理解歌曲的大意。其本身具有哲理性，超越了音乐本身。世界名曲感染力强、形象鲜明、旋律优美、表现形式多样。

2. 大众健美操音乐的剪辑方法

音乐具有一种力量，大众健美操可以将这种力量完美地展现出来，因此就需要编排者要对音乐有一定的理解。在对选取的音乐进行剪辑时，要注意音乐的统一性与连接问题。

（1）音乐素材的选定

①基于曲子的结构与内涵来编排动作。

②先确定动作的结构，然后再选取音乐。

（2）音乐的剪辑

①同一首曲子的剪辑

音乐的剪辑对于大众健美操来说是十分必要的。同一首曲子的剪辑需要先明确曲子的风格、特点与内容，然后根据节拍和高潮的起伏创编一整套动作。首先将整套大众健美操的动作分为三个部分，其次基于音乐内容来设计动作，然后根据动作造型、动作难度、组合变化队形、穿插过渡动作来确定音乐的长度，最后按要求剪辑音乐。剪辑音乐时要遵循8拍的原则，不能破坏语句完整性，使其自然衔接，保持整个乐曲流畅。

②不同音乐主题的剪辑

在进行大众健美操的编排时，一套动作中有时也会出现几种不同主题的音乐，所以需要通过剪辑来使乐曲流畅、统一、完整。不同音乐主题的剪辑需要注意以下两点：首先，节奏不同的过渡在两首不同节奏的音乐对接时可以用多种手段来处理，有用打击乐的鼓点来对接的，也有用休止一小节来过渡的，这些手段有时能起到意想不到的效果，总之过渡要自然流畅；其次是同音高、同调式的对接比较好完成，不同音高、不同调式的两首曲子就很难处理了，可以尝试用打击乐的鼓点来过渡，或者用作曲软件的变调功能对音乐进行变调处理。

总之，不论怎么处理都不能失去音乐的完整性和统一性，同时要保证音乐高潮的审美性。音乐的高潮一般也是主旋律再现的环节，剪辑时要注意让主旋律在乐曲中反复出现，给人们留下深刻而美好的印象。音乐与动作的完美统一是创编者的最终目的。

3.大众健美操音乐的组合评价与修改

大众健美操乐曲的开头可由提示音或两个八拍以内的前奏音乐开始，力求新颖、独特。为了与后面的快节奏形成对比，产生较强的视觉冲击力和听觉冲击力，通常可以先选择一段抒情的慢板音乐，但这段音乐不能太长，一般在两个八拍左右。一套动作的编排要根据音乐的节奏、速度、力度、情绪的变化而变化，因此音乐编辑时要注意五个因素：风格、音乐、节奏、节拍和过渡。

音乐的剪辑工作是一项耐心细致的工作，剪辑时必须头脑清晰，认真细致地进行每一步骤的操作，并详细记录有关的鼓点和节拍数。剪辑乐曲时，应在成套动作与音乐的反复配合中多进行实践练习，直至完成整个剪辑工作。

第四节　大众健美操编排现状及发展趋势

一、大众健美操编排现状

（一）内容丰富

大众健美操的内容丰富、形式多样、创编元素多，随着大众健美操体系的不断扩大，一些新的健身元素加入到健美操中，如健美操里加上爵士舞元素便形成了有氧爵士、把太极的内容韵律化形成新的太极、把艺术体操的动作节奏化形成形体操、艺术球操、棍操等，通过创造性的编排内容，使得大众健身操编创的内容越来越多，所以大众健身操受到了越来越多人的喜爱，并且广泛开展。

（二）学习兴趣浓厚

在大众健美操编创过程中，运用创新的编创方法，改变学习方式，充分调动发挥人们主体性的探究方式，极大地提高了人们学习的兴趣，注重创编能力的培养，使以单纯的模仿练习转向主动的创新学习，教师把基本动作、技术、知识传授给学生后，让学生自己创编套路小组合，为其提供展示自我的机会。在创编过程，不断为人们设置问题情景，让他们自己在创编中去发现、探究、解决所遇到的各种难题。

二、大众健美操编排发展趋势和展望

《大众健身健美操作用及教法探析》中指出健美操能够塑造优美的体态、满足学生心理趋向、为运动减脂提供理论依据及价值。在体育锻炼中，大众健美操是一项具有观赏性、艺术性的体育健身项目。它是以身体练习为基本手段、以有氧运动为基础的体育运动。对人的身体健康，特别是控制体重、改善体形、提高韵律感和协调性方面具有重要作用。不仅能够达到锻炼身体的目的，还能丰富学生的业余生活。在快节奏生活的今天，人们更需要拥有一副强健的体魄来适用社会发展的要求。正因为大众健美操非常适应人们的生理、心理发展的需要，符合向往美、追求美、创造美和享受美的普通心理，能够丰富人们的文化生活，缓解和释放心理精神压力，强身健体，塑造完美健康的体态，培养健康阳光、积极向上的生活态度，能够有效地增强人们的协调性，提高其节奏感。

大众健美操有健身和提高身体素质的效果，编排决定着整套操的价值，是健美操运动进一步推广的基础。加强培养人们的创编能力是大众健美操教学必须重视的问题。人们在创编过程中会遇到诸多问题，通过解决问题积累经验，加深人们对所学的知识理解达到认识升华。通过教学使人们思维由感性向理性认识转化，对大众健美操理论知识理解，引导人们开动脑筋、开阔视野、拓宽思路、增强自信。在实际创编工作中进行分组创编，根据不同音乐风格和节奏进行创编，教师再对创编动作进行分析、讲评，使人们进一步加深对健美操动作的理解。大众健美操创编是其发展的决定因素，掌握了其创编方法，才能促进健美操的发展。

大众健美操是一项具有较强观赏性、娱乐型和竞技性的体育运动，其吸引力和凝聚力显示了它在体育文化活动中的重要作用。因此，我们必须坚持以创新教育理念为指导，从大众健美操的创编原则、特点等方面着手，不断加强大众健美操的创编工作，了解其发展趋势，从而不断提高人们参与大众健美操的积极性和主动性，促使大众健美操创编更加科学、合理和规范，助推我国大众健美操更好地普及和发展，使人们真正通过大众健美操运动来提升自身的综合素质，增强个人的综合魅力。

参考文献

[1] 杜婷. 大众健美操教学对高中生灵敏素质的影响研究 [D]. 大连：辽宁师范大学，2021

[2] 马霄晗. 成都市高校体育教育专业健美操专修课程内容适应性研究 [D]. 成都：成都体育学院，2021.

[3] 潘薇，刘涛. 探析大学体育大众健美操线上教学有效策略 [J]. 冰雪体育创新研究，2021（8）：24-25.

[4] 李沙，庞赓. 小群体教学模式在大众健美操教学中的应用研究 [J]. 当代体育科技，2021，11（2）：8-10.

[5] 诺乐德维丽丝. 高校大众健美操的体育价值及教学策略 [J]. 体育视野，2020（10）：23-24.

[6] 邹淼. 高校大众健美操的体育价值及教学原则 [J]. 科技资讯，2020，18（28）：234-236.

[7] 封静. 高校大众健美操教学中大学生表现力的培养方法探究 [J]. 大学教育，2019（11）：146-148.

[8] 张家祥. 大众健美操对普通女大学生体成分、身体素质和自信心的影响 [D]. 济南：山东体育学院，2019.

[9] 彭雨，周锴，林彬. 小群体教学模式在大众健美操教学中的应用研究 [J]. 体育科技文献通报，2019，27（4）：31，43.

[10] 刘一. 大众健美操教学中运用轻器械实现创编多元化的可行性研究 [J]. 运动，2018（12）：65-66，103.

[11] 杨雨霖. 健身房健美操教学方法对学生健美操学习效果的影响 [D]. 沈阳：沈阳师范大学，2018.

[12] 周梦，袁彪. 高校健美操教学中影响学生表现力的因素与培养对策 [J]. 运动，

2017（14）：97-98.

[13] 李雅茹. 多元组合教学在高职院校健美操选修课中应用的实验研究 [D]. 太原：山西师范大学，2017.

[14] 闫璐. 大众健美操对高中生柔韧素质与协调能力影响的实验研究 [D]. 西安：西安体育学院，2017.

[15] 郑德梅，刘云飞. 关于大众健美操的社会文化价值探究 [J]. 兰州文理学院学报（自然科学版），2016，30（6）：95-98

[16] 边菊平. 基于微信公众号的大众健美操教学平台设计初探 [J]. 无线互联科技，2016（19）：117-118.

[17] 谢迎霞. 从大众健美操发展趋势谈普通高校健美操教学改革 [J]. 信息化建设，2016（07）：191.

[18] 盘华. 试析大众健美操的教学艺术 [J]. 当代体育科技，2015，5（33）：171-172.

[19] 程婷婷. 高校健美操公共选修课学生音乐素养培养的实验研究 [D]. 苏州：苏州大学，2014.

[20] 满晓桂. 健美操课程对初中一年级学生影响的实验研究 [D]. 石家庄：河北师范大学，2014.

[21] 贾梭. 湖北省农村初中健美操开展现状与对策研究 [D]. 武汉：武汉体育学院，2014.

[22] 邹倩. 体育教育专业健美操专修课程教学内容的优化研究 [D]. 南京：南京师范大学，2014.

[23] 郝雅楠. 体育教育专业学生健美操教学技能微格训练培养方案设计的实验研究 [D]. 成都：四川师范大学，2014.

[24] 王兴华. 浅谈大众健美操教学艺术的美学分析 [J]. 当代体育科技，2013，3（30）：4-5.

[25] 贺睿. 反馈教学的互动在大众健美操教学中的应用研究 [D]. 西安：西安体育学院，2012.

[26] 李国杰.《全国大众健美操锻炼标准》第三套动作对高校健美操教学的启

示 [J]. 科技信息，2010（22）：245，247.

[27] 董朝云. 大众健美操虚拟教学系统的设计与实现 [D]. 成都：四川师范大学，
2010.

[28] 黎栩. 大众健美操教学方法初探 [J]. 太原城市职业技术学院学报,2009(02)：
123-124.

[29] 程莹. 论大众健美操教学对医学院校女生终身体育意识的培养 [J]. 安徽师
范大学学报（自然科学版），2009，32（1）：95-97.

[30] 吴南斐，王腊姣. 我国大众健美操教学方法与特点初探 [J]. 体育科技文献
通报，2007（2）：31-32，47.